**Spannender Mehrwert:
der Mengenrechner für unsere Kochbücher**
+ Mengenangaben an Personenzahl anpassen
+ Einkaufszettel fürs Smartphone erstellen
+ Rezeptsuche nach Zutaten
+ Nährwertangaben zu allen Rezepten
+ präziser Kalorienverbrauchsrechner und persönlicher Diätplaner mit Tagesplänen
+ Favoritenliste und weitere Rezeptfilter

5
PFANNTASTISCH:
MEIN WICHTIGSTER KÜCHENHELFER
FÜR SCHNELLEN GENUSS

6
DIE UNTERSCHIEDLICHEN PFANNEN
UND IHRE EIGENSCHAFTEN

10
Einfach und express
BLITZREZEPTE IN MAXIMAL 10 MINUTEN

38
Einfach und leicht
SO EASY GEHT GENUSS

70
Einfach und deftig
RÖSTAROMEN SATT

110
Einfach und mit Teig
PFANNENBROTE, WRAPS UND PITAS

136
Einfach und süß
SÜSSE LEIDENSCHAFT AUS DER PFANNE

158
REZEPT- UND ZUTATENREGISTER

Pfanntastisch

MEIN WICHTIGSTER KÜCHENHELFER FÜR SCHNELLEN GENUSS

Ihr liebt es, selbst zu kochen, auch wenn es schnell gehen muss? Bei mir zu Hause ist die Antwort darauf: Ich bereite am liebsten alles einfach in einer beschichteten Pfanne zu. Das geht unglaublich fix, verwöhnt mit tollen Röstaromen und macht wenig Arbeit nach dem Essen. Die Zutaten sind knackfrisch, auf den Punkt zubereitet und ohne Umweg auf dem Tisch.

Ihr werdet es in diesem Buch erleben: Eine Pfanne kann viel, viel mehr als nur Bratwurst, Pfannkuchen oder Nudeln. Genießt zum Beispiel Pfannenquiche mit Gemüse, Linsen-Kokos-Curry mit Lachs, Hähnchengyros mit Paprika und Zaziki, Leberkäs-Sensation mit Knusperzwiebeln und Senfsauce oder Mediterranes mal mit Fisch, mal vegetarisch. In der Pfanne gelingt einfach alles.

Freut euch auf karamellisierte Honigkarotten mit Quinoa und Pistazien, Bratwurst-Gröstl und Pfeffersteak mit viel Sauce. Das klingt alles ambitioniert, doch ich verspreche euch: Das geht ganz einfach und ihr braucht gar nicht viel. Eine Pfanne bedeutet: kein Stress, sondern Spaß in der Küche.

Mir ist es immer ein besonderes Anliegen, außergewöhnliche Gerichte auf den Teller zu bringen. Über ein Jahr habe ich diese speziellen Rezepte für den Einsatz in einer normalen beschichteten Pfanne entwickelt, probiert und verfeinert. Heute verspreche ich euch: Diese Gerichte sind einfach zum Verlieben.

Stellt einfach die heiße Pfanne mit einem Untersatz auf den Tisch – so wie zu Großmutters Zeiten. Das ist der Auftakt für ein entspanntes Essen mit Gelinggarantie. Das kann mal leicht, mal deftig sein, je nach Stimmung. Blättert in Ruhe in diesem Kochbuch und lasst euch von den fantastischen Fotos und den köstlichen Rezepten inspirieren.

Herzlich, euer Christian Henze

Die unterschiedlichen Pfannen

UND IHRE EIGENSCHAFTEN

--- **ANTIHAFTPFANNE** ---

Je härter die Beschichtung, desto schlechter die Antihaftwirkung, aber umso langlebiger die Pfanne. Im Umkehrschluss: je weicher die Beschichtung, umso besser die Antihaftwirkung und desto kürzer die Lebensdauer.

VORTEILE
- Langlebige Antihaftbeschichtung ohne Anbrennen
- Ideal für niedrige und mittlere Temperaturen
- Auch zum schonenden und fettreduzierten Garen geeignet
- Ideal für den täglichen Einsatz
- Auch günstige Varianten erhältlich
- Absoluter Allrounder: für Fleisch, Fisch, Eierspeisen, Gemüse, Bratkartoffeln etc. geeignet (Kann alles!)

NACHTEILE
- Kratzanfällig
- Nur für Kochlöffel aus Kunststoff, Holz etc. geeignet
- Zu hohe Temperaturen können die Beschichtung beschädigen
- Nicht geeignet, um darin zu schneiden
- Sollte nicht in die Spülmaschine
- Nicht zum Stapeln geeignet oder nur mit entsprechendem Pfannenschutz

FAZIT Eine Antihaftpfanne ist meine Empfehlung und für alle Gerichte dieses Buches geeignet. Idealerweise hat sie einen Durchmesser von 28 cm und kann mit einem (Glas-)Deckel abgedeckt werden.

Einfach in die Pfanne!

CHRISTIAN HENZE

FOOD-FOTOGRAFIE Hubertus Schüler
PORTRÄTS Kay Johannsen

mdr

BECKER
JOEST
VOLK
VERLAG

GUSSEISERNE PFANNE

Wichtig vor der ersten Benutzung: die Pfanne reinigen und gemäß den Herstellerangaben einbrennen.

VORTEILE
- Speichert viel Wärme und verteilt die Wärme gleichmäßig
- Funktioniert auf allen Herdarten
- Hält sehr hohe Temperaturen aus
- Entwickelt eine Patina/natürliche Antihaftschicht
- Langlebig
- Erzeugt gute Röstaromen

NACHTEILE
- Meist recht schwer
- Dauert etwas länger, bis die Pfanne richtig heiß ist
- Kann/darf nicht in die Spülmaschine
- Kann durch harten Aufprall reißen
- Säurehaltige Lebensmittel wie Tomaten, Essig etc. können die Pfanne angreifen
- Sollte nach dem Auswischen gegen Rostbildung leicht eingeölt werden

TIPP   Ideal für Steaks, Bratkartoffeln etc.

EDELSTAHLPFANNE

Sie gilt als unverwüstlich, aber ist vom Handling her nicht so einfach, weil viele Sachen anhaften. Deshalb erfordert sie auch mehr Fettzugabe als andere Pfannentypen. Dafür sieht sie oft aber selbst nach Jahren noch sehr gut aus.

VORTEILE
- Sehr robust
- Gibt keinen Eigengeschmack an das Essen ab
- Kann viel Wärme speichern und hält sehr hohe Temperaturen aus
- Ideal, um Zutaten scharf anzubraten
- Zerkratzt nicht
- Einfache Reinigung, spülmaschinengeeignet

NACHTEILE
- Oft relativ schwer
- Meistens eine schlechtere Temperaturleitfähigkeit
- Keine Antihafteigenschaften
- Produkte mit viel Eiweiß haften zunächst am Boden an

ALU-PFANNE

Hier liegt der größte Vorteil im Gewicht. Alu-Pfannen erfordern jedoch einen schonenden Umgang.

VORTEILE
- Leitet sehr gut Wärme
- Günstig
- Sehr leicht

NACHTEILE
- Kann mit den Lebensmitteln reagieren, hat deshalb meistens eine Antihaftbeschichtung
- Kann die Wärme nicht so lange halten
- Kann sich verformen
- Muss handgespült werden, sonst verkürzt sich die Lebensdauer deutlich

EMAILLIERTE PFANNE

Emaille-Pfannen sind gute Allrounder, kratzfest und mit guter Hitzeleitfähigkeit, deswegen sind Öfen und Backbleche emailliert. Wer sorgsam damit umgeht, hat ein Leben lang Freude daran.

VORTEILE
- Gute Antihaftwirkung, leichte Reinigung
- Glatte, porenfreie und kratzfeste Oberfläche
- Möglichkeit, vorsichtig in der Pfanne zu schneiden
- Lange haltbar, wird nicht unansehnlich
- Kann mit hitzefestem Stiel im Backofen verwendet werden

NACHTEILE
- Oft teuer und schwer
- Beschichtung meist dick, dadurch dauert es länger, bis die Pfanne richtig heiß ist
- Emaille kann bei unsachgemäßer Handhabung am Rand absplittern
- Beim Anbraten nicht so gut wie eine gusseiserne Pfanne

BODENTYPEN

SANDWICHBODEN Beim Sandwichboden ist der Wärmeleitkern aus Kupfer oder Aluminium nicht in Edelstahl eingelassen, sondern wie bei einem Sandwich zwischen zwei Edelstahlplatten gelötet.

KAPSELBODEN Ein Kapselboden ist ein Boden bei Töpfen und Pfannen. Dabei ist der Aluminium- oder Kupferkern in Edelstahl eingelassen.

Pfannen mit einem Sandwich- oder Kapselboden liegen immer plan auf und verfügen über eine optimale Wärmeverteilung.

Weder die Tiefkühlpizza noch der Lieferdienst ist schneller als die Rezepte in diesem Kapitel, aber bei Weitem nicht so lecker. Ich verspreche euch: Es sind perfekt investierte 10 Minuten – maximal!

Einfach und express

BLITZREZEPTE IN MAXIMAL 10 MINUTEN

Hähnchengeschnetzeltes mit Balsamico und Bohnen

ZUBEREITUNGSZEIT 10 MINUTEN PLUS 4–5 MINUTEN GARZEIT

FÜR 2 PERSONEN

2 kleine Biohähnchenbrustfilets ohne Haut (à 130 g)
Salz
schwarzer Pfeffer aus der Mühle
½ rote Chili
2 Knoblauchzehen
½ TL fein abgeriebene Biozitronenschale
1 EL Speisestärke
1 Msp. edelsüßes Paprikapulver
3 EL neutrales Pflanzenöl
1 kleine rote Zwiebel
130 g große weiße Bohnenkerne aus dem Glas
5 EL dunkler Balsamico-Essig
50 ml Weißwein
200 g Sahne
4 Stängel glatte Petersilie

glutenfrei, frei von raffiniertem Zucker
Nährwerte pro Portion: 689 kcal
F 46 g, KH 25 g, B 1 g, EW 35 g

Hähnchenfleisch quer zur Faser in feine Streifen schneiden und mit **Salz** und **Pfeffer** würzen. • **Chili** entkernen, waschen und fein hacken. **Knoblauchzehen** schälen und ebenfalls fein hacken. Beides mit **Zitronenschale** zum Hähnchenfleisch geben, **Speisestärke** und **Paprikapulver** darüberstäuben und gut vermengen. • **Pflanzenöl** in einer Pfanne erhitzen und die Hähnchenmischung darin unter gelegentlichem Rühren gut anbraten. Inzwischen **Zwiebel** schälen, in dünne Spalten schneiden, hinzugeben und 2–3 Minuten mitbraten. • **Bohnenkerne** in ein Sieb abgießen, nach Belieben abbrausen, abtropfen lassen und in die Pfanne geben. Mit dem **Balsamico-Essig** ablöschen, **Weißwein** dazugießen und einköcheln lassen. **Sahne** einrühren, aufkochen und mit **Salz** und **Pfeffer** abschmecken. • In der Zwischenzeit **Petersilie** abbrausen, trocken schütteln und hacken. • Das Hähnchengeschnetzelte auf zwei Teller geben und mit Petersilie bestreut servieren.

Tipp Hierzu schmeckt knuspriges Weißbrot oder ein bunter Blattsalat.

Ei auf Fleischpflanzerl in Tomaten-Rahm-Sauce

ZUBEREITUNGSZEIT 10 MINUTEN PLUS CA. 6 MINUTEN GARZEIT

FÜR 2 PERSONEN

FÜR DIE PFLANZERL
2 Bioeier (Größe M)
200 g gemischtes Hackfleisch (halb Rind-, halb Schweinefleisch)
1 TL Tandoori-Paste
2 TL süße Chilisauce
2 EL Panko
Salz
schwarzer Pfeffer aus der Mühle

FÜR DIE SAUCE
200 g stückige Tomaten aus der Dose
100 g Sahne
Salz
schwarzer Pfeffer aus der Mühle
1 große Prise Zucker
5 Basilikumblätter

Nährwerte pro Portion: 517 kcal
F 37 g, KH 16 g, B 0 g, EW 30 g

Für die Pflanzerl die **Eier** trennen, Eigelbe in je eine Tasse geben und beiseitestellen. • Eiweiß, **Hackfleisch, Tandoori-Paste, Chilisauce** und **Panko** in einer Schüssel vermengen. Mit **Salz** und **Pfeffer** würzen und zu einem Fleischteig verkneten. Mit nassen Händen zwei große flache Pflanzerl formen und mit einem Löffel mittig eine Mulde eindrücken. • Für die Sauce **Tomaten** und **Sahne** in eine Pfanne geben und aufkochen. Mit **Salz, Pfeffer** und **Zucker** abschmecken. **Basilikumblätter** abbrausen, in Streifen schneiden und hinzugeben. • Die Pflanzerl in die heiße Sauce legen und die Eigelbe in die Mulden gleiten lassen. Den Deckel auflegen und bei mittlerer Hitze etwa 6 Minuten garen. Am besten direkt aus der Pfanne servieren.

Tipp Dazu passt frisches Brot.

Chili-Spiegelei mit Käse und Röstzwiebeln

ZUBEREITUNGSZEIT 6–7 MINUTEN PLUS CA. 5 MINUTEN GARZEIT

FÜR 2 PERSONEN
1 Frühlingszwiebel
60 g Bergkäse
1 EL Butter
4 Bioeier (Größe M)
2 EL Röstzwiebeln (Fertigprodukt)
Salz
schwarzer Pfeffer aus der Mühle
2 EL süße Chilisauce

vegetarisch
Nährwerte pro Portion: 417 kcal
F 31 g, KH 12 g, B 1 g, EW 23 g

Frühlingszwiebel putzen, waschen und in feine Ringe schneiden. **Bergkäse** reiben. • **Butter** in einer Pfanne aufschäumen. **Eier** aufschlagen und in die Pfanne gleiten lassen. Frühlingszwiebeln und **Röstzwiebeln** darüber verteilen und mit **Salz** und **Pfeffer** würzen. **Chilisauce** darüberträufeln, den Deckel auflegen und bei mittlerer Hitze etwa 5 Minuten garen. • Direkt aus der Pfanne servieren.

Rahmgeschnetzeltes mit geröstetem Knoblauchbrot

ZUBEREITUNGSZEIT 10 MINUTEN

FÜR 2 PERSONEN

FÜR DAS KNOBLAUCHBROT
½ Baguette
2 EL Knoblauchbutter

FÜR DAS GESCHNETZELTE
300 g Kalbsfilet oder Schweinerücken
5 Steinchampignons
1 TL Tandoori-Paste
50 ml weißer Traubensaft
150 g Sahne
Salz
schwarzer Pfeffer aus der Mühle
1–2 Stängel glatte Petersilie

frei von raffiniertem Zucker
Nährwerte pro Portion: 660 kcal
F 36 g, KH 43 g, B 2 g, EW 37 g

Für das Knoblauchbrot das **Baguette** in etwa 2 cm dicke Scheiben schneiden. **Knoblauchbutter** in einer Pfanne erhitzen und Baguettescheiben darin von beiden Seiten kurz rösten. Aus der Pfanne nehmen. • Inzwischen für das Geschnetzelte das **Fleisch** in feine Streifen schneiden. **Champignons** putzen und blättrig schneiden. Beides in die heiße Pfanne geben und 1–2 Minuten sehr scharf anbraten. **Tandoori-Paste** unterrühren und mit **Traubensaft** und **Sahne** ablöschen. Kurz aufkochen und mit **Salz** und **Pfeffer** abschmecken. • In der Zwischenzeit die **Petersilie** abbrausen, trocken schütteln und die Blätter in Streifen schneiden. Über das Rahmgeschnetzelte streuen und direkt aus der Pfanne servieren. Dazu das geröstete Knoblauchbrot reichen.

Veggie-Shakshuka mit Hüttenkäse

ZUBEREITUNGSZEIT 10 MINUTEN PLUS CA. 5 MINUTEN GARZEIT

FÜR 2 PERSONEN
1 kleiner Pak Choi
80 g Blumenkohlröschen
100 g Kirschtomaten
2 Radieschen
2 Knoblauchzehen
2 EL Olivenöl
1 EL Tomatenmark
100 g passierte Tomaten
Salz
schwarzer Pfeffer aus der Mühle
1 Prise Zucker
2-3 Spritzer rote Tabascosauce
4 Bioeier (Größe M)
80 g Hüttenkäse
6-8 Rucolablätter

vegetarisch, glutenfrei
Nährwerte pro Portion: 321 kcal
F 21 g, KH 10 g, B 3 g, EW 22 g

Pak Choi waschen, putzen und klein schneiden. **Blumenkohl** waschen und in kleine Stücke hacken. **Kirschtomaten** waschen, trocken tupfen und halbieren. **Radieschen** waschen, putzen und in kleine Spalten schneiden. **Knoblauchzehen** schälen und in dünne Scheiben schneiden. • **Olivenöl** in einer Pfanne erhitzen und das vorbereitete Gemüse darin 1–2 Minuten anbraten. **Tomatenmark** und **passierte Tomaten** hineinrühren, aufkochen, dann mit **Salz, Pfeffer, Zucker** und **Tabascosauce** würzen. • **Eier** aufschlagen und mit Abstand direkt in die Gemüsesauce gleiten lassen. **Hüttenkäse** klecksartig in den Zwischenräumen verteilen. Den Deckel auflegen und bei niedriger Hitze etwa 5 Minuten garen, bis das Eiweiß gestockt, aber das Eigelb noch flüssig ist. • Inzwischen **Rucola** waschen und trocken schütteln. • Die fertige Shakshuka mit Rucola bestreuen und am besten aus der Pfanne servieren.

Kürbiseintopf mit Kokos und Lachs

ZUBEREITUNGSZEIT 10 MINUTEN PLUS 6 MINUTEN GARZEIT

FÜR 2 PERSONEN

150 g frisches Lachsfilet ohne Haut
Salz
150 g Hokkaido-Kürbisfruchtfleisch
1 EL Butter
2 EL Kokosraspel
1 Msp. Currypulver
400 ml Kokosmilch
3 EL süße Chilisauce
1–2 Stängel Koriander
Saft von ½ Limette
schwarzer Pfeffer aus der Mühle

glutenfrei
Nährwerte pro Portion: 688 kcal
F 57 g, KH 21 g, B 5 g, EW 20 g

Lachs in dünne Streifen schneiden und mit **Salz** würzen. **Kürbis** ungeschält in 1 cm kleine Würfel schneiden. • **Butter** in einer Pfanne aufschäumen und den Lachs darin 1 Minute anbraten. Aus der Pfanne nehmen. • Kürbiswürfel und **Kokosraspel** in die Pfanne geben und 2 Minuten anbraten. **Currypulver** darüberstäuben und **Kokosmilch** angießen. **Chilisauce** einrühren und abgedeckt 6 Minuten köcheln lassen, bis der Kürbis weich ist. • Inzwischen **Koriander** abbrausen, trocken schütteln und die Blätter abzupfen. • Kürbiswürfel in der Pfanne mit einem Kartoffelstampfer leicht zerdrücken und umrühren. Mit **Limettensaft, Salz** und **Pfeffer** abschmecken und auf zwei Schalen verteilen. Lachsstreifen darauf anrichten, mit Koriander garnieren und genießen.

Marinierter Parmesan mit karamellisierten Kirschtomaten

ZUBEREITUNGSZEIT 8–9 MINUTEN

FÜR 2 PERSONEN

150 g Parmesan am Stück
150 g Kirschtomaten
1 Knoblauchzehe
5 Basilikumblätter
3 EL Olivenöl
2 EL Pinienkerne
Salz
1 TL Zucker
3 EL dunkler Balsamico-Essig
schwarzer Pfeffer aus der Mühle

vegetarisch, laktosefrei, glutenfrei
Nährwerte pro Portion: 523 kcal
F 43 g, KH 9 g, B 1 g, EW 25 g

Parmesan in Stücke brechen. **Kirschtomaten** waschen, trocken tupfen und halbieren. **Knoblauchzehe** schälen und fein hacken. **Basilikumblätter** waschen, trocken tupfen und in feine Streifen schneiden. • **Olivenöl** in einer Pfanne erhitzen. Tomaten, Knoblauch und **Pinienkerne** hineingeben, leicht **salzen** und mit **Zucker** bestreuen. Kurz und scharf anbraten, karamellisieren lassen und mit **Balsamico-Essig** ablöschen. • Parmesanstücke und Basilikum hinzugeben, etwas **Pfeffer** darübermahlen und kurz durchschwenken, bis der Käse anfängt zu schmelzen. • Auf zwei Teller geben und sofort servieren.

Tipp Dazu passt am besten Ciabatta.

Pfannkuchen mit Lachs und Frischkäse

ZUBEREITUNGSZEIT 10 MINUTEN PLUS 5–7 MINUTEN GARZEIT

FÜR 2 PERSONEN

80 g Weizenmehl (Type 405)
150 ml Milch (3,5 % Fett)
1 Bioei (Größe M)
1 Prise Salz
2 EL Butter
60 g Doppelrahmfrischkäse
70 g Räucherlachs in Scheiben
½ Beet Gartenkresse

frei von raffiniertem Zucker
Nährwerte pro Portion: 475 kcal
F 28 g, KH 34 g, B 2 g, EW 19 g

Mehl, Milch, Ei und **Salz** mit einem Schneebesen zu einem glatten Teig verrühren und kurz ruhen lassen. • Etwas von der **Butter** in einer großen Pfanne erhitzen. Eine Kelle Teig hineingeben und durch Schwenken dünn verteilen. Die Unterseite goldgelb backen, den Pfannkuchen wenden und die andere Seite ebenfalls goldgelb backen. Auf einem Teller abkühlen lassen. Auf die gleiche Weise zwei bis drei weitere Pfannkuchen backen. • Pfannkuchen mit **Frischkäse** bestreichen und mit **Räucherlachs** belegen. **Gartenkresse** vom Beet schneiden, darüberstreuen und aufrollen. Dann in etwa 3 cm breite Scheiben schneiden, auf zwei Tellern anrichten und genießen.

Tipp Dazu passt ein bunter Salat der Saison.

Gebratene Chorizo mit Parmesan BBQ-Style

ZUBEREITUNGSZEIT 10 MINUTEN

FÜR 2 PERSONEN
80 g Chorizo
150 g Kirschtomaten
1 Knoblauchzehe
5–7 Basilikumblätter
150 g Parmesan am Stück
2 EL Olivenöl
1 TL Zucker
3 EL dunkler Balsamico-Essig
schwarzer Pfeffer aus der Mühle

laktosefrei, glutenfrei
Nährwerte pro Portion: 581 kcal
F 46 g, KH 9 g, B 1 g, EW 33 g

Chorizo von der Haut befreien und in Scheiben schneiden. **Kirschtomaten** waschen, trocken tupfen und halbieren. **Knoblauchzehe** schälen und fein hacken. **Basilikumblätter** abbrausen. **Parmesan** in kleine Stücke brechen. • **Olivenöl** in einer Pfanne erhitzen. Chorizo, Kirschtomaten und Knoblauch hineingeben, **Zucker** darüberstreuen, kurz, aber scharf anbraten und karamellisieren. Dann mit **Balsamico-Essig** ablöschen. • Etwas **Pfeffer** darübermahlen, Basilikum und Parmesan dazugeben und kurz durchschwenken. Sobald der Parmesan glasig wird und anfängt zu schmelzen, vom Herd nehmen und direkt aus der Pfanne servieren.

Tipp Dazu passen ein knackiger Blattsalat und knuspriges Baguette.

Minuten-Schinkenfilet mit Harissa und Erbsen-Couscous

ZUBEREITUNGSZEIT 10 MINUTEN PLUS CA. 5 MINUTEN GARZEIT

FÜR 2 PERSONEN

FÜR DIE MINUTENFILETS
4 Scheiben Schweinerücken oder Schweinefilet (à 80 g)
Salz
schwarzer Pfeffer aus der Mühle
1 TL milde Harissa-Paste
4 dünne Scheiben italienischer roher Landschinken
3 EL Olivenöl

FÜR DEN COUSCOUS
175 ml Gemüsebrühe
50 g TK-Erbsen
100 g Couscous
Salz
schwarzer Pfeffer aus der Mühle

laktosefrei, frei von raffiniertem Zucker
Nährwerte pro Portion: 567 kcal
F 24 g, KH 37 g, B 3 g, EW 49 g

Für die Minutenfilets die **Fleischscheiben** zwischen zwei Lagen Frischhaltefolie mit einem Fleischklopfer flach klopfen. Beidseitig mit **Salz** und **Pfeffer** würzen, von einer Seite mit **Harissa-Paste** bestreichen und mit je einer Scheibe **Schinken** umwickeln. • **Olivenöl** in einer Pfanne erhitzen, die Fleischpäckchen von beiden Seiten je 1–1 ½ Minuten scharf anbraten und aus der Pfanne nehmen. • Für den Couscous die **Gemüsebrühe** in die Pfanne geben, aufkochen, **Erbsen** und **Couscous** einrühren und mit **Salz** und **Pfeffer** würzen. Den Deckel auflegen und bei ausgeschalteter Herdplatte etwa 5 Minuten ausquellen lassen. • Kurz vor Garzeitende die Minutenfilets auf das Erbsen-Couscous legen, den Deckel wieder aufsetzen. Dann direkt aus der Pfanne servieren.

Toast Hawaii mit Honigschinken „on fire"

ZUBEREITUNGSZEIT 10 MINUTEN PLUS 2–3 MINUTEN GARZEIT

FÜR 2 PERSONEN
1 EL Kräuterbutter
4 Scheiben gekochter Schinken
2 Scheiben Toastbrot
2 Scheiben Ananas aus der Dose
3 EL brauner Rum
(mind. 54 Vol.-%; nach Belieben)
1 TL Honig
2 EL Crème fraîche
schwarzer Pfeffer aus der Mühle
2 Scheiben Cheddar

Nährwerte pro Portion: 356 kcal
F 18 g, KH 21 g, B 0 g, EW 15 g

Kräuterbutter in einer Pfanne aufschäumen, die **Schinkenscheiben** darin kurz von einer Seite anbraten und herausnehmen. **Toastbrotscheiben** in die Pfanne legen, auf einer Seite rösten, herausnehmen und mit der gerösteten Seite nach oben auf ein Brett legen. • **Ananasscheiben** in die heiße Pfanne legen und karamellisieren lassen. Dann nach Belieben mit **Rum** beträufeln, vorsichtig mit einem langen Stabfeuerzeug oder einem Flambiergerät entzünden und die Ananas flambieren. (Vorsicht: Beim Flambiervorgang achtsam vorgehen und alle entzündbaren Gegenstände und Küchentextilien außer Reichweite halten!) • Inzwischen die gerösteten Seiten der Toasts mit den Schinkenscheiben belegen und leicht mit **Honig** beträufeln. **Crème fraîche** cremig rühren, je einen Klecks daraufsetzen und etwas **Pfeffer** darübermahlen. • Ananasscheiben auf die Toasts setzen und mit **Cheddar** belegen. Die Toasts zurück in die heiße Pfanne setzen, den Deckel auflegen und braten, bis der Käse geschmolzen ist. Auf zwei Teller geben und sofort servieren.

Hähnchengyros mit Paprika und Zaziki

ZUBEREITUNGSZEIT 10 MINUTEN PLUS MIND. 3–4 STUNDEN MARINIERZEIT UND 4–5 MINUTEN GARZEIT

FÜR 2 PERSONEN

FÜR DAS GYROS
250 g Biohähnchenbrustfilet ohne Haut
3 Knoblauchzehen
1 rote Zwiebel
½ TL gerebelter Oregano
½ TL gerebelter Thymian
1 TL edelsüßes Paprikapulver
1 Msp. gemahlener Kümmel
Salz
schwarzer Pfeffer aus der Mühle
2 EL Olivenöl
1 rote Spitzpaprika

FÜR DAS ZAZIKI
1 kleine Snack-Salatgurke
Salz
150 g griechischer Joghurt Natur (10 % Fett)
1 kleine Knoblauchzehe
1 EL Olivenöl

glutenfrei, frei von raffiniertem Zucker
Nährwerte pro Portion: 370 kcal
F 23 g, KH 9 g, B 2 g, EW 30 g

Für das Gyros **Hähnchenfleisch** quer zur Faser in feine Streifen schneiden. **Knoblauchzehen** schälen, durch die Presse drücken und zugeben. **Zwiebel** schälen, in Spalten schneiden, mit den **Gewürzen** dazugeben und mit **Salz** und **Pfeffer** würzen. Alles gut vermengen, abdecken und mindestens 3–4 Stunden (gern über Nacht) im Kühlschrank ziehen lassen. • **Olivenöl** in einer Pfanne gut erhitzen. Gyros-Mischung darin 2 Minuten sehr scharf anbraten. • Inzwischen die **Spitzpaprika** längs halbieren, entkernen und in Streifen schneiden. Zum Fleisch geben, scharf mitbraten, gut durchschwenken und weiterbraten, bis das Hähnchenfleisch durchgebraten ist. • Währenddessen für das Zaziki die **Gurke** waschen, grob in eine Schüssel raspeln, mit etwas **Salz** würzen, kurz ziehen lassen und gut ausdrücken. **Joghurt** einrühren, **Knoblauchzehe** schälen, durch die Presse in die Schüssel drücken, verrühren und mit **Olivenöl** verfeinern. • Hähnchengyros in zwei Schalen geben und mit Zaziki servieren.

Tipp Eine Ecke Fladenbrot ist ideal dazu.

Tipp Dazu passt frisches italienisches Weißbrot, zum Beispiel Ciabatta.

Rinderstreifen mit Tomaten und Pesto

ZUBEREITUNGSZEIT 8–10 MINUTEN

FÜR 2 PERSONEN

100 g Kirschtomaten
2 Rindersteaks (à 170 g)
2 EL Olivenöl
Salz
2 EL heller Balsamico-Essig
2 EL rotes Pesto aus dem Glas
1 Prise Zucker
8–10 Basilikumblätter
2 EL geriebener Parmesan

laktosefrei, glutenfrei
Nährwerte pro Portion: 454 kcal
F 29 g, KH 6 g, B 0 g, EW 43 g

Kirschtomaten waschen, trocken tupfen und halbieren. **Rindersteaks** in etwa 2 cm dicke Streifen schneiden. • Eine Pfanne gut vorheizen. **Olivenöl** hineingeben, die Fleischstreifen darin kurz und kräftig anbraten und mit **Salz** würzen. Kurz durchschwenken und aus der Pfanne nehmen. • Die Kirschtomaten in die heiße Pfanne geben, kurz und scharf anbraten und mit **Balsamico-Essig** ablöschen. **Pesto** und **Zucker** zugeben und gut durchschwenken. Rinderstreifen hinzufügen und noch mal gut durchschwenken. • Inzwischen die **Basilikumblätter** abbrausen. • Das Gericht auf zwei Teller geben und mit **Parmesan** bestreuen. Basilikum grob zerzupfen, darüberstreuen und servieren.

Geröstetes Rinderhack mit Crème fraîche und Preiselbeeren

ZUBEREITUNGSZEIT 6–7 MINUTEN PLUS 3–4 MINUTEN GARZEIT

FÜR 2 PERSONEN

200 g Rinderhackfleisch
1 Bioei (Größe M)
1 TL scharfer feiner Senf
1 TL Tomatenmark
Salz
schwarzer Pfeffer aus der Mühle
2 EL neutrales Pflanzenöl
80 g Crème fraîche
2 EL Preiselbeeren aus dem Glas

glutenfrei
Nährwerte pro Portion: 503 kcal
F 42 g, KH 8 g, B 0 g, EW 23 g

Rinderhackfleisch, Ei, Senf und **Tomatenmark** in eine Schüssel geben. Kräftig mit **Salz** und **Pfeffer** würzen und gut verkneten. • **Pflanzenöl** in einer Pfanne stark erhitzen. Hackfleischmasse hineingeben und mit einem Pfannenwender flach drücken. Bei hoher Hitze 3–4 Minuten braten, bis das Hackfleisch unten gut geröstet ist. • Wenden und in grobe Stücke zerteilen. **Crème fraîche** in kleinen Klecksen in die Zwischenräume geben und die **Preiselbeeren** darüber verteilen. Nur kurz weiterbraten und zum Schluss reichlich **Pfeffer** darübermahlen. • Sofort aus der Pfanne servieren.

Tipp Hierzu schmecken knuspriges Baguette und ein bunter Blattsalat.

Linsen-Kokos-Curry mit Lachs

ZUBEREITUNGSZEIT 5 MINUTEN PLUS 9–10 MINUTEN GARZEIT

FÜR 2 PERSONEN
- 1–2-cm-Stück Ingwer
- 2 EL Kokosraspel
- 1 EL Ajvar
- 1 TL rote Chilipaste
- 1 EL Honig
- 1 Dose Kokosmilch (400 ml)
- Salz
- 100 g rote Linsen
- 300 g frisches Lachsfilet ohne Haut
- Saft von ½ Limette (nach Belieben)

Ingwer schälen, reiben, mit **Kokosraspeln, Ajvar, Chilipaste, Honig** und **Kokosmilch** in eine Pfanne geben und verrühren. Die Mischung aufkochen, mit **Salz** abschmecken, **Linsen** unterrühren und 5 Minuten abgedeckt köcheln lassen. • **Lachsfilet** in etwa 3 cm große Stücke schneiden, mit **Salz** würzen, auf das Linsencurry setzen, wieder abdecken und bei niedriger Hitze nochmals 4–5 Minuten leicht köcheln lassen, bis der Lachs glasig gegart ist. • Nach Belieben mit **Limettensaft** beträufeln und gleich aus der Pfanne servieren.

laktosefrei, glutenfrei, frei von raffiniertem Zucker
Nährwerte pro Portion: 905 kcal (F 61 g, KH 40 g, B 10 g, EW 48 g)

Parmesan-Hähnchenschnitzel alla milanese mit Balsamico-Tomaten

ZUBEREITUNGSZEIT 10 MINUTEN PLUS 6 MINUTEN GARZEIT

FÜR 2 PERSONEN
FÜR DIE SCHNITZEL
- 2 Biohähnchenbrustfilets ohne Haut (à 150 g)
- Salz
- schwarzer Pfeffer aus der Mühle
- 1 Bioei (Größe M)
- 45 g Parmesan am Stück
- 2 EL Olivenöl
- 1 EL Butter

FÜR DIE TOMATEN
- 100 g Kirschtomaten
- Salz
- schwarzer Pfeffer aus der Mühle
- 3 EL Balsamico-Creme

Für die Schnitzel das **Hähnchenfleisch** quer zur Faser in 2–3 cm breite Scheiben schneiden und zwischen zwei Lagen Frischhaltefolie leicht flach klopfen. Von beiden Seiten mit **Salz** und **Pfeffer** würzen. • **Ei** in einem tiefen Teller verquirlen. **Parmesan** darüberreiben und vermischen. • **Olivenöl** und **Butter** in einer Pfanne erhitzen. Hähnchenschnitzel durch die Ei-Parmesan-Mischung ziehen und in der Pfanne von beiden Seiten je 3 Minuten goldgelb ausbacken. Aus der Pfanne nehmen. • Inzwischen für die Tomaten die **Kirschtomaten** waschen, trocken tupfen und halbieren. In die heiße Pfanne geben, mit **Salz** und **Pfeffer** würzen und kurz, aber scharf anrösten. **Balsamico-Creme** darüberträufeln und gut durchschwenken. • Tomaten mit den Parmesan-Hähnchenschnitzeln auf zwei Tellern anrichten und genießen.

glutenfrei
Nährwerte pro Portion: 475 kcal (F 27 g, KH 13 g, B 0 g, EW 42 g)

Tipp Dazu passt ein knackiger Romanasalat.

Grillkäse mit Parmesanspinat

ZUBEREITUNGSZEIT 10 MINUTEN PLUS 3–4 MINUTEN GARZEIT

FÜR 2 PERSONEN

FÜR DEN GRILLKÄSE
1 EL Olivenöl
2 Scheiben Grillkäse (à 80–100 g)

FÜR DEN SPINAT
250 g Babyspinat
1 kleine Zwiebel
1 Knoblauchzehe
1 TL Butter
60 g Parmesan am Stück
100 g Sahne
1 EL Crème fraîche
Salz
schwarzer Pfeffer aus der Mühle

vegetarisch, glutenfrei,
frei von raffiniertem Zucker
Nährwerte pro Portion: 664 kcal
F 53 g, KH 18 g, B 3 g, EW 28 g

Für den Grillkäse **Olivenöl** in einer Pfanne erhitzen und die **Grillkäsescheiben** darin von beiden Seiten je 2 Minuten anbraten. Aus der Pfanne nehmen. • Inzwischen für den Spinat den **Babyspinat** waschen und trocken schleudern. **Zwiebel** und **Knoblauchzehe** schälen und fein würfeln. • **Butter** in der Pfanne erhitzen. Zwiebeln und Knoblauch darin farblos anschwitzen. Babyspinat dazugeben, den Deckel aufsetzen und 2–3 Minuten garen, bis der Spinat zusammenfällt. • In der Zwischenzeit den **Parmesan** reiben. • **Sahne** und **Crème fraîche** zum Spinat geben und aufkochen. Den Parmesan darüberstreuen, gut durchschwenken, 1 Minute köcheln lassen und mit **Salz** und **Pfeffer** abschmecken. • Auf zwei Teller verteilen und den Grillkäse darauf anrichten.

Großartiges zu zaubern, kann verblüffend einfach sein. In den folgenden Rezepten zeige ich euch, wie wenig Aufwand nötig ist, um alle am Tisch zu begeistern.

Einfach und leicht

SO EASY GEHT GENUSS

Gebratenes Gemüse „Toskana" mit Taleggio

ZUBEREITUNGSZEIT 25 MINUTEN

FÜR 2 PERSONEN

1 rote Paprika
½ kleiner Fenchel
2 Schalotten
2-3 Stangen Staudensellerie
80 g Austernpilze
2 Knoblauchzehen
8 entsteinte schwarze Oliven
10 Basilikumblätter
2 EL grüne Pistazienkerne oder Pinienkerne
3 EL Olivenöl
3 Sardellenfilets, abgetropft
1 TL eingelegte Kapern, abgetropft
fein abgeriebene Schale von ½ Biozitrone
1 EL Tomatenmark
3 EL dunkler Balsamico-Essig
50 ml Rotwein
Salz
schwarzer Pfeffer aus der Mühle
1 Prise Zucker
80 g Taleggio

laktosefrei, glutenfrei
Nährwerte pro Portion: 466 kcal
F 35 g, KH 19 g, B 6 g, EW 14 g

Paprika waschen, entkernen und in dicke Streifen schneiden. **Fenchel** putzen, waschen und in 2–3 cm dicke Spalten schneiden. **Schalotten** schälen und längs in Spalten schneiden. **Staudensellerie** waschen, die Fäden abziehen und Sellerie grob in längliche Stücke schneiden. **Austernpilze** säubern und grob zerteilen. **Knoblauchzehen** schälen und hacken. **Oliven** halbieren. **Basilikumblätter** waschen und abtropfen lassen. • **Pistazienkerne** in einer Pfanne ohne Fettzugabe rösten und herausnehmen. • **Olivenöl** in der Pfanne erhitzen. Paprika, Fenchel, Schalotten, Sellerie und Pilze darin einige Minuten kräftig anbraten, dabei immer wieder durchschwenken. Knoblauch, Oliven, **Sardellen** und **Kapern** zugeben und kurz mitbraten. **Zitronenschale** darüberstreuen, **Tomatenmark** hinzugeben, kurz anrösten und mit **Balsamico-Essig** ablöschen. **Rotwein** angießen und einkochen. • Mit **Salz, Pfeffer** und **Zucker** abschmecken und Basilikum unterheben. **Taleggio** in Stücke schneiden, über dem Gemüse verteilen, abdecken und schmelzen lassen. • Mit gerösteten Pistazien bestreuen und aus der Pfanne servieren.

Tipp Dazu passt knuspriges Ciabatta.

Knusprige Gemüsepuffer mit Aprikosen-Feta-Topping

ZUBEREITUNGSZEIT 20 MINUTEN PLUS 8–10 MINUTEN GARZEIT

FÜR 2 PERSONEN

FÜR DIE PUFFER

2 kleine Zucchini
Salz
1 große Karotte
1 kleine Zwiebel
4 Stängel glatte Petersilie
2 EL Haferflocken
2 EL Weizenmehl (Type 405)
2 Bioeier (Größe M)
schwarzer Pfeffer aus der Mühle
1 EL Olivenöl
1 EL Butter

FÜR DAS TOPPING

8 getrocknete Soft-Aprikosen
1 kleiner Zweig Thymian (alternativ ½ TL gehackte Rosmarinnadeln)
1 EL Butter
80 g Feta (45 % Fett)
1 EL Honig

vegetarisch, frei von raffiniertem Zucker
Nährwerte pro Portion: 516 kcal
F 31 g, KH 36 g, B 8 g, EW 21 g

Für die Puffer **Zucchini** waschen, grob raspeln, mit etwas **Salz** vermengen und einige Minuten ziehen lassen. • Inzwischen die **Karotte** schälen und grob raspeln. **Zwiebel** schälen und würfeln. **Petersilie** abbrausen, trocken schütteln und hacken. • Zucchiniraspel gut ausdrücken und in eine Schüssel geben, Karotten, Zwiebeln und Petersilie hinzufügen und vermischen. **Haferflocken, Mehl** und **Eier** dazugeben, kräftig mit **Salz** und **Pfeffer** würzen und vermengen. **Olivenöl** und **Butter** in einer Pfanne erhitzen. Portionsweise 1–2 EL Pufferteig in die Pfanne geben, zu Talern formen und von beiden Seiten jeweils 4–5 Minuten goldbraun ausbacken. Auf Küchenpapier abtropfen lassen. • In der Zwischenzeit für das Topping die **Aprikosen** klein schneiden. **Thymian** abbrausen, trocken schütteln, Blätter abstreifen und hacken. **Butter** in der Pfanne aufschäumen und Aprikosen darin kurz anbraten. **Feta** grob darüberbröseln und mit **Honig** beträufeln. Thymian darüberstreuen, kurz verrühren und karamellisieren lassen. • Gemüsepuffer auf zwei Teller geben, Topping darauf verteilen und servieren.

Lachspäckchen mit scharfer Erdnusssauce

ZUBEREITUNGSZEIT 20 MINUTEN PLUS 15 MINUTEN GARZEIT

FÜR 2 PERSONEN

1 rote Paprika
2 Frühlingszwiebeln
½ rote Chili
1–2-cm-Stück Ingwer
2 Lachsfilets ohne Haut (à 130 g)
2 EL gesalzenes grobes Erdnussmus
4 EL heller Balsamico-Essig
1 EL Honig
fein abgeriebene Schale und Saft von ½ Biolimette
2 EL geröstete, gesalzene Erdnusskerne

laktosefrei, glutenfrei, frei von raffiniertem Zucker
Nährwerte pro Portion: 470 kcal
F 28 g, KH 21 g, B 3 g, EW 34 g

Paprika waschen, entkernen und fein würfeln. **Frühlingszwiebeln** putzen, waschen und in feine Ringe schneiden. **Chili** entkernen, waschen und fein hacken. **Ingwer** schälen und reiben. • Je zwei Lagen Backpapier und Alufolie zuschneiden (à etwa 30 × 30 cm). Je eine Lage Backpapier auf eine Lage Alufolie legen, darauf mittig Paprika und Frühlingszwiebeln verteilen und je ein **Lachsfilet** auf das Gemüsebett setzen. • **Erdnussmus** mit **Balsamico-Essig, Honig** und 4 EL lauwarmem Wasser glatt rühren. Chili, Ingwer, **Limettenschale** und **Limettensaft** unterrühren. Erdnusssauce über den Fisch träufeln, das Backpapier samt Alufolie darüberschlagen und die Seiten verschließen. Eine Pfanne erhitzen, die Fischpäckchen hineinsetzen, den Deckel auflegen und bei mittlerer Hitze 15 Minuten garen. • Lachspäckchen auf zwei Teller geben, leicht öffnen, den Lachs mit gerösteten **Erdnusskernen** bestreuen und servieren.

Tipp Hierzu schmeckt ein frischer Salat sehr gut.

Scharfsaure Asia-Suppe mit Hähnchen

ZUBEREITUNGSZEIT 20 MINUTEN PLUS CA. 10 MINUTEN GARZEIT

FÜR 2 PERSONEN

½ rote Paprika
1 Karotte
2 Frühlingszwiebeln
2 Knoblauchzehen
½ rote Chili
ca. 3-cm-Stück Ingwer
2 kleine Biohähnchenbrustfilets ohne Haut (à 130 g)
Salz
schwarzer Pfeffer aus der Mühle
2 EL neutrales Pflanzenöl
5 EL heller Obstessig
4 EL Sojasauce
5 EL süße Chilisauce
50 g passierte Tomaten
500 ml Instant-Geflügelbrühe
1 TL Zucker
40 g asiatische Mie-Nudeln oder andere Suppennudeln
½ TL Speisestärke
1 Bioei (Größe M)

laktosefrei
Nährwerte pro Portion: 630 kcal
F 27 g, KH 44 g, B 2 g, EW 51 g

Paprika entkernen, waschen und in kleine Würfel schneiden. **Karotte** schälen und in dünne Scheiben schneiden. **Frühlingszwiebeln** putzen, waschen und in Ringe schneiden. **Knoblauchzehen** schälen und hacken. **Chili** entkernen, waschen und hacken. **Ingwer** schälen und reiben. • **Hähnchenfleisch** quer zur Faser in 2–3 cm breite Streifen schneiden und mit **Salz** und **Pfeffer** würzen. **Pflanzenöl** in einer Pfanne erhitzen und das Hähnchenfleisch darin kurz und scharf anbraten. Aus der Pfanne nehmen. • Paprika, Karotten und Frühlingszwiebeln in die Pfanne geben und 3–5 Minuten kräftig anbraten. Knoblauch, Chili und Ingwer zugeben und kurz mitrösten. Dann mit **Essig** und **Sojasauce** ablöschen. **Chilisauce** und **Tomaten** einrühren und **Geflügelbrühe** angießen. Aufkochen und mit **Zucker, Salz** und **Pfeffer** abschmecken. • Hähnchenfleisch und **Nudeln** dazugeben und etwa 10 Minuten sanft köcheln lassen. **Speisestärke** in etwas kaltem Wasser auflösen, einrühren und leicht binden. **Ei** verquirlen, zügig unter die Suppe rühren und stocken lassen. • Die Asia-Suppe in zwei Schalen füllen und servieren.

Karamellisierte Honigkarotten mit Quinoa und Pistazien

ZUBEREITUNGSZEIT 15 MINUTEN PLUS 20–25 MINUTEN GARZEIT

FÜR 2 PERSONEN

2 EL grüne Pistazienkerne
1 Bund Karotten (alternativ 400 g kleine Karotten)
2 EL Olivenöl
1 EL Butter
1 EL flüssiger Honig
Salz
300 ml Gemüsebrühe (nach Bedarf etwas mehr)
80 g helle Quinoa
1–2 EL Zitronensaft

vegetarisch, glutenfrei, frei von raffiniertem Zucker
Nährwerte pro Portion: 417 kcal
F 23 g, KH 42 g, B 7 g, EW 7 g

Pistazien in einer Pfanne ohne Fettzugabe rösten, herausnehmen und abkühlen lassen. • Das Grün von den **Karotten** abschneiden, dabei 1–2 cm von den Stielansätzen stehen lassen und diese waschen. Karotten schälen (größere Exemplare längs halbieren). • **Olivenöl** in der Pfanne erhitzen und Karotten darin rundum anbraten. **Butter** zugeben, **Honig** darüberträufeln und etwa 2 Minuten karamellisieren lassen. • Mit **Salz** würzen, mit **Gemüsebrühe** ablöschen, **Quinoa** einrühren und abgedeckt 20–25 Minuten sanft köcheln lassen, bis die Quinoa gar ist, dabei nach Bedarf etwas mehr **Brühe** angießen. • Auf zwei Tellern anrichten, mit Pistazien bestreuen und mit **Zitronensaft** beträufelt servieren.

Tipp Dazu passt ein Klecks cremiger Naturjoghurt.

Couscous mit Frischkäsepaprika

ZUBEREITUNGSZEIT 12 MINUTEN PLUS 8–10 MINUTEN GARZEIT

FÜR 2 PERSONEN
100 ml Gemüsebrühe
100 ml Orangensaft
2 Msp. Currypulver
2 EL Ajvar
Salz
schwarzer Pfeffer aus der Mühle
100 g Couscous
150 g eingelegte Minipaprika mit Frischkäsefüllung aus dem Glas
1 Frühlingszwiebel

vegetarisch, frei von raffiniertem Zucker
Nährwerte pro Portion: 383 kcal
F 18 g, KH 43 g, B 2 g, EW 11 g

Gemüsebrühe, Orangensaft, Currypulver und **Ajvar** in einer Pfanne verrühren, aufkochen und mit **Salz** und **Pfeffer** abschmecken. • **Couscous** einrieseln lassen und die Hitze reduzieren. **Minipaprika** längs halbieren und mit der Füllung nach oben in die Pfanne legen. Den Deckel aufsetzen und den Couscous bei niedriger Hitze 8–10 Minuten ausquellen lassen. • Zum Schluss die **Frühlingszwiebel** putzen, waschen, in feine Ringe schneiden und darüberstreuen. Am besten gleich aus der Pfanne servieren.

Zucchini-Kichererbsen-Pfanne mit Kokos

ZUBEREITUNGSZEIT 10–15 MINUTEN PLUS CA. 5 MINUTEN GARZEIT

FÜR 2 PERSONEN
1–2 Zucchini (300 g)
1 EL Butter
2 EL Kokosraspel
½ TL mildes Currypulver
300 ml Kokosmilch
3 EL süße Chilisauce
1 EL Mango-Chutney
250 g Kichererbsen aus dem Glas
Salz
schwarzer Pfeffer aus der Mühle
¼ TL Speisestärke (nach Bedarf)
fein abgeriebene Schale und Saft von ½ Biolimette

vegetarisch, glutenfrei
Nährwerte pro Portion: 704 kcal
F 45 g, KH 51 g, B 14 g, EW 17 g

Zucchini waschen, längs vierteln und in Stücke schneiden. • **Butter** in einer Pfanne aufschäumen und die **Kokosraspel** darin goldgelb anbraten. **Currypulver** darüberstäuben und kurz mitrösten. Mit **Kokosmilch** ablöschen, **Chilisauce** und **Mango-Chutney** unterrühren und aufkochen. • **Kichererbsen** in ein Sieb geben, nach Belieben abbrausen und kurz abtropfen lassen. Mit Zucchini in die Pfanne geben, mit **Salz** und **Pfeffer** würzen und abgedeckt etwa 5 Minuten köcheln lassen, bis die Zucchini bissfest gegart sind. • Je nach Bedarf **Speisestärke** mit wenig kaltem Wasser glatt rühren und die Garflüssigkeit leicht sämig binden. • Zum Schluss noch mal mit **Salz** und **Pfeffer** abschmecken und mit **Limettenschale** und **Limettensaft** verfeinern. Auf zwei Schalen verteilen und genießen.

Knuspriges Forellenfilet mit Pinienkern-Kartoffeln

ZUBEREITUNGSZEIT 20 MINUTEN PLUS CA. 15 MINUTEN GARZEIT

FÜR 2 PERSONEN

300 g mittelgroße festkochende Kartoffeln
Salz
1 Knoblauchzehe
5 getrocknete Soft-Aprikosen
5 entsteinte grüne Oliven
1 EL Weizenmehl (Type 405)
2 frische Forellenfilets mit Haut (à 150 g; alternativ Saibling oder Zander)
2 EL Olivenöl
1 EL Kräuterbutter
35 g Pinienkerne
schwarzer Pfeffer aus der Mühle
2–4 Zitronenspalten zum Beträufeln

frei von raffiniertem Zucker
Nährwerte pro Portion: 600 kcal
F 34 g, KH 36 g, B 5 g, EW 37 g

Kartoffeln schälen, längs vierteln, in eine Pfanne geben und mit kaltem Wasser bedecken. Aufkochen, etwas **Salz** zugeben und abgedeckt etwa 15 Minuten weich köcheln lassen. Dann in ein Sieb abgießen und kurz ausdampfen lassen. Die Pfanne mit Küchenpapier säubern und abkühlen lassen. • Inzwischen die **Knoblauchzehe** schälen und hacken. **Aprikosen** würfeln, **Oliven** vierteln und **Mehl** auf einen Teller streuen. **Fischfilets** mit **Salz** würzen und mit der Hautseite in das Mehl tupfen. Überschüssiges Mehl abklopfen. • **Olivenöl** in die Pfanne gießen, die Forellenfilets mit der Hautseite nach unten in die kalte Pfanne legen, erhitzen und langsam knusprig braten. Wenden, die **Kräuterbutter** zugeben, dann Knoblauch, Aprikosen, Oliven und **Pinienkerne** in der Pfanne verteilen. Den Fisch auf der Fleischseite nur kurz braten, dann mit einem Pfannenheber vorsichtig herausheben und warm halten. • Kartoffeln in die Pinienkernmischung geben, mit einem Kartoffelstampfer leicht flach drücken und anbraten, dabei einmal wenden und mit **Salz** und **Pfeffer** würzen. • Die Forellenfilets mit der Hautseite nach oben auf die Kartoffeln setzen und am besten aus der Pfanne servieren. **Zitronenspalten** zum Beträufeln dazu reichen.

Gebratene Süßkartoffeln mit Pak Choi und Pilzen

ZUBEREITUNGSZEIT 25 MINUTEN

FÜR 2 PERSONEN

FÜR DIE SÜSSKARTOFFELN
1 EL Tandoori-Paste
2 EL Teriyaki-Sauce
1 TL Honig
1 Msp. Currypulver
¼ TL Salz
3 EL Speisestärke
1 Süßkartoffel (400 g)
1 EL Butter
2 EL geröstetes Sesamöl

FÜR DAS GEMÜSE
2 kleine Pak Choi
80 g frische Shiitake-Pilze
2 EL Cashewkerne
3 EL süße Chilisauce
Salz

vegetarisch
Nährwerte pro Portion: 536 kcal
F 22 g, KH 79 g, B 10 g, EW 8 g

Für die Süßkartoffeln **Tandoori-Paste, Teriyaki-Sauce, Honig, Currypulver** und **Salz** zu einer Marinade verrühren. **Speisestärke** auf einen Teller streuen. • **Süßkartoffel** schälen, in 7–10 mm dicke Scheiben schneiden, von beiden Seiten mit der Marinade bestreichen und beidseitig in der Stärke wenden. Überschüssige Stärke abklopfen. • **Butter** und **Sesamöl** in einer Pfanne erhitzen und die Süßkartoffeln darin von beiden Seiten je 5 Minuten goldbraun anbraten. Aus der Pfanne nehmen. • Inzwischen für das Gemüse **Pak Choi** waschen, längs vierteln und den Strunk leicht keilförmig wegschneiden. **Shiitake-Pilze** putzen und in Streifen schneiden. Pak Choi und Shiitake-Pilze in der Pfanne scharf anbraten. **Cashewkerne** hinzugeben. **Chilisauce** darüberträufeln, alles gut durchschwenken und mit **Salz** abschmecken. • Die gebratenen Süßkartoffeln auf zwei Teller verteilen, das Gemüse daneben anrichten und servieren.

Crunchy Austernpilz-Wrap mit Wasabi-Mayo

ZUBEREITUNGSZEIT 20–25 MINUTEN

FÜR 2 PERSONEN

FÜR DIE PILZE
- 200 g Austernpilze
- 1–2 Zwiebeln
- 2 Knoblauchzehen
- 2 EL neutrales Pflanzenöl
- 4 EL Sojasauce
- 4 EL Teriyaki-Sauce
- ½ TL Wasabipaste
- ½ TL Zucker
- 2 EL Wasabinüsse
- 1 TL kalte Butter

FÜR DIE WRAPS
- 1 Romana-Salatherz
- 2 große Weizen-Tortillas (Ø 22–24 cm)

FÜR DIE WASABI-MAYO
- 2 EL Mayonnaise (80 % Fett)
- 1 EL Crème fraîche
- ½ TL Wasabipaste
- 2 EL heller Balsamico-Essig
- 1 Prise Zucker
- Salz

vegetarisch

Nährwerte pro Portion: 571 kcal
F 36 g, KH 45 g, B 7 g, EW 13 g

Für die Pilze **Austernpilze** säubern und in Streifen schneiden. **Zwiebeln** schälen, längs halbieren und in dünne Spalten schneiden. **Knoblauchzehen** schälen und fein hacken. • **Pflanzenöl** in einer Pfanne erhitzen. Austernpilze, Zwiebeln und Knoblauch darin anbraten, bis sich gute Röstaromen entwickelt haben. Mit **Sojasauce** ablöschen und einkochen. **Teriyaki-Sauce, Wasabipaste** und **Zucker** hinzufügen und 2–3 Minuten köcheln lassen. **Wasabinüsse** hacken und mit der **Butter** unterrühren. • Inzwischen für die Wraps den **Salat** in Blätter zerteilen, waschen, trocken schütteln und in Streifen schneiden. • Für die Wasabi-Mayo **Mayonnaise, Crème fraîche, Wasabipaste** und **Balsamico-Essig** glatt rühren und mit **Zucker** und **Salz** abschmecken. • Wasabi-Mayo auf die **Tortilla-Fladen** streichen und die Salatstreifen darüberstreuen. Austernpilze über dem Salat verteilen und die Tortillas zu Wraps aufrollen, dabei die Seiten etwas einschlagen. Dann jeweils schräg halbieren und noch warm genießen.

Tipp Zusätzlich 100 g Tofuwürfel mit den Austernpilzen kross anbraten.

Gebratener Reis Asia-Style mit Mango

ZUBEREITUNGSZEIT 30–35 MINUTEN

FÜR 2 PERSONEN

Salz
80 g Basmati-Reis
1 Karotte
80 g Lauch
80 g Austernpilze oder Shiitake-Pilze
2 Knoblauchzehen
ca. 3-cm-Stück Ingwer
50 g Mungbohnensprossen
½ Mango
3 EL geröstetes Sesamöl
5 EL Teriyaki-Sauce
3 EL süße Chilisauce
2 Msp. Wasabipaste
1 Bioei (Größe M)

vegetarisch, laktosefrei
Nährwerte pro Portion: 439 kcal
F 17 g, KH 55 g, B 6 g, EW 11 g

Reichlich Wasser in einer Pfanne aufkochen und **salzen. Reis** hineingeben und abgedeckt 10–15 Minuten gar kochen. In ein Sieb abgießen, abbrausen und abtropfen lassen. Die Pfanne mit Küchenpapier säubern. • Die **Karotte** schälen und fein würfeln. **Lauch** putzen, waschen und in Ringe schneiden. **Pilze** säubern und würfeln. **Knoblauchzehen** schälen und fein hacken. **Ingwer** schälen und reiben. **Sprossen** abbrausen und abtropfen lassen. **Mango** schälen und ebenfalls würfeln. • **Sesamöl** in der Pfanne erhitzen. Karotten, Lauch und Pilze darin 4–5 Minuten anbraten. Gekochten Reis, Knoblauch und Ingwer dazugeben und einige Minuten mitbraten. Dann mit **Teriyaki-Sauce** ablöschen. **Chilisauce** und **Wasabipaste** unterrühren und alles gut anrösten. • Sprossen und Mango hinzugeben und kurz mitbraten. Zum Schluss das **Ei** verquirlen, darübergießen und alles unter stetigem Rühren rösten, bis das Ei gestockt ist. Mit **Salz** abschmecken und direkt aus der Pfanne servieren.

Sesam-Tofu mit Asia-Gemüse

ZUBEREITUNGSZEIT 20 MINUTEN PLUS 4–6 MINUTEN GARZEIT

FÜR 2 PERSONEN
FÜR DAS GEMÜSE
1 Karotte
2–3 Stangen Staudensellerie
50 g Mungbohnensprossen
1–2-cm-Stück Ingwer
2 Knoblauchzehen
2 EL Wasabinüsse
6 EL Sojasauce
2 EL Sushi-Essig oder heller Balsamico-Essig
1 TL Mango-Chutney

FÜR DEN TOFU
2–3 EL helle Sesamsaat
200 g Tofu Natur
1 Eiweiß (Größe M)
½ TL Wasabipaste
Salz
3 EL geröstetes Sesamöl

vegetarisch, laktosefrei
Nährwerte pro Portion: 400 kcal
F 27 g, KH 19 g, B 5 g, EW 21 g

Für das Gemüse die **Karotte** schälen und in feine Stifte schneiden. **Staudensellerie** waschen, Fäden abziehen und Sellerie ebenfalls in feine Stifte schneiden. **Sprossen** waschen und abtropfen lassen. **Ingwer** schälen und reiben. **Knoblauchzehen** schälen und fein hacken. **Wasabinüsse** hacken. • Für den Tofu **Sesam** auf einen Teller streuen. **Tofu** horizontal in zwei Scheiben halbieren. **Eiweiß** mit **Wasabipaste** in einem tiefen Teller verrühren, leicht aufschlagen und die Tofuscheiben darin wenden. Dann im Sesam wenden und beidseitig leicht **salzen**. **Sesamöl** in einer Pfanne erhitzen und den panierten Tofu darin von beiden Seiten je 2–3 Minuten anbraten. Aus der Pfanne nehmen. • Gemüsestifte und Sprossen in die Pfanne geben, kurz und kräftig anbraten, dabei öfter durchschwenken. Ingwer und Knoblauch hinzugeben und kurz mitbraten. Mit **Sojasauce** und **Essig** ablöschen, dann das **Mango-Chutney** unterrühren. Wasabinüsse über das knackig gebratene Gemüse streuen und kurz durchschwenken. • In zwei Schalen füllen, den Sesam-Tofu daraufsetzen und genießen.

Tipp Dazu passt gegarter Basmati-Reis sehr gut.

Sesam-Garnelen mit Tigermilch

ZUBEREITUNGSZEIT CA. 25 MINUTEN

FÜR 2 PERSONEN

FÜR DIE TIGERMILCH
200 g Staudensellerie
1–2 Zwiebeln
1 Knoblauchzehe
1-cm-Stück Ingwer
½ rote Chili
Saft von 1 Limette
80–100 ml Kokosmilch
Salz

FÜR DIE GARNELEN
250 g geschälte rohe TK-Riesengarnelen, aufgetaut
Salz
1–2-cm-Stück Ingwer
2–3 Stängel Koriander
1 Knoblauchzehe
100 g Tempura-Mehlmischung
500 ml neutrales Pflanzenöl
1–2 EL Honig
2–3 EL helle Sesamsaat

laktosefrei, frei von raffiniertem Zucker
Nährwerte pro Portion: 708 kcal
F 41 g, KH 49 g, B 5 g, EW 36 g

Für die Tigermilch den **Staudensellerie** waschen, Fäden abziehen und Sellerie in feine Scheiben schneiden. **Zwiebel(n), Knoblauchzehe** und **Ingwer** schälen und fein würfeln. **Chili** entkernen, waschen und ebenfalls fein würfeln. Alles in einen Mixbecher geben, **Limettensaft** und **Kokosmilch** zugeben und mit dem Stabmixer sehr fein mixen. Durch ein feines Sieb passieren und mit **Salz** abschmecken. Die Tigermilch in zwei kleine Schalen füllen und kalt stellen. • **Garnelen** entlang des Rückens einschneiden und den Darm entfernen. Garnelen waschen, abtropfen lassen und leicht mit **Salz** würzen. • **Ingwer** schälen und reiben. **Koriander** abbrausen, trocken schütteln und hacken. **Knoblauchzehe** schälen und zerdrücken. **Tempura-Mehlmischung** laut Packungsangabe mit eiskaltem Wasser anrühren. Ingwer, Koriander und Knoblauch unterrühren und **salzen.** • **Pflanzenöl** in einer Pfanne erhitzen. Garnelen einzeln durch den kalten Tempurateig ziehen und im Öl schwimmend von beiden Seiten 3–5 Minuten knusprig ausbacken. Auf Küchenpapier kurz abtropfen lassen. Noch heiß in eine Schüssel geben, mit **Honig** beträufeln, mit **Sesam** bestreuen und wenden. • Auf zwei Teller verteilen und mit der Tigermilch zum Dippen servieren.

Tempura-Mehlmischung Um Tempura zuzubereiten, werden fertige Mehlmischungen angeboten, die meistens aus Reismehl, Weizenmehl oder Weizenfaser, Speisestärke und Backpulver bestehen. Damit erhält man einen knusprigen Teigmantel.

Offenes Omelett mit Gemüse und Feta

ZUBEREITUNGSZEIT 17–20 MINUTEN

FÜR 2 PERSONEN

¼ rote Paprika
3 Steinchampignons
2 Frühlingszwiebeln
6 Bioeier (Größe M)
1 EL Crème fraîche
Salz
schwarzer Pfeffer aus der Mühle
1 TL Butter
1 EL geriebener Cheddar
40 g Schafsmilch-Feta (45 % Fett)
1 TL Sonnenblumenkerne
6–8 Rucolablätter
etwas Balsamico-Creme

vegetarisch, glutenfrei
Nährwerte pro Portion: 372 kcal
F 25 g, KH 6 g, B 1 g, EW 26 g

Paprika entkernen, waschen und in feine Streifen schneiden. **Champignons** putzen und blättrig schneiden. **Frühlingszwiebeln** putzen, waschen, längs halbieren und in Streifen schneiden. • **Eier** gut mit **Crème fraîche,** etwas **Salz** und **Pfeffer** verquirlen. • **Butter** in einer Pfanne aufschäumen, das vorbereitete Gemüse darin kurz anbraten und aus der Pfanne nehmen. Eiermasse in die Pfanne gießen und kurz stocken lassen. Dann das angebratene Gemüse gleichmäßig darauf verteilen und mit **Cheddar** bestreuen. **Feta** darüberbröseln und mit **Sonnenblumenkernen** bestreuen. Leicht **salzen** und reichlich **Pfeffer** darübermahlen. Den Deckel auflegen und das Omelett bei niedriger Hitze wachsweich stocken lassen. • Inzwischen die **Rucolablätter** waschen und trocken schütteln. Über das fertige Omelett streuen und mit etwas **Balsamico-Creme** beträufeln. Das Omelett halbieren (aber nicht umklappen) und direkt aus der Pfanne servieren.

Garnelen-Frikadellen mit Mango-Curry-Sauce

ZUBEREITUNGSZEIT 25 MINUTEN

FÜR 2 PERSONEN
FÜR DIE FRIKADELLEN
300 g geschälte rohe TK-Riesengarnelen, aufgetaut
1 EL Crème fraîche
3 EL Semmelbrösel
1 Bioei (Größe S)
Salz
schwarzer Pfeffer aus der Mühle
1 EL neutrales Pflanzenöl
1 EL Butter

FÜR DIE SAUCE
1 Schalotte
1 Knoblauchzehe
75 g Mangofruchtfleisch
½ kleine Banane
½ TL Currypulver
1 Msp. Weizenmehl (Type 405)
200 ml Kokosmilch
1 TL Honig
Saft von ½ Limette

frei von raffiniertem Zucker
Nährwerte pro Portion: 556 kcal
F 36 g, KH 22 g, B 2 g, EW 36 g

Für die Frikadellen die **Garnelen** entlang des Rückens einschneiden und den Darm entfernen. Garnelen waschen, trocken tupfen, fein hacken und in eine Schüssel geben. **Crème fraîche, Semmelbrösel** und **Ei** hinzufügen und gut verkneten. Mit **Salz** und **Pfeffer** würzen und aus der Masse mit nassen Händen vier Frikadellen formen. • **Pflanzenöl** und **Butter** in einer Pfanne erhitzen und die Frikadellen darin von beiden Seiten jeweils 3–4 Minuten braten. Aus der Pfanne nehmen und warm halten. • Für die Sauce die **Schalotte** schälen und fein würfeln. **Knoblauchzehe** schälen und hacken. **Mangofruchtfleisch** grob würfeln. **Banane** schälen und ebenfalls grob würfeln. • Schalotten und Knoblauch zum Bratansatz in die Pfanne geben und anschwitzen. Mango- und Bananenwürfel hinzufügen, **Currypulver** und **Mehl** darüberstäuben und kurz anrösten. **Kokosmilch** angießen, **Honig** unterrühren und sämig einköcheln lassen. Zum Schluss mit **Salz** und **Pfeffer** würzen und mit **Limettensaft** verfeinern. • Garnelen-Frikadellen auf zwei Teller verteilen und mit Mango-Currysauce beträufeln.

Tipp Hierzu passt geröstetes Weißbrot.

Paella-Pfanne 2.0 mit Hähnchen und Garnelen

ZUBEREITUNGSZEIT 15 MINUTEN PLUS 15–18 MINUTEN GARZEIT

FÜR 2 PERSONEN

1 Zwiebel
2 Knoblauchzehen
1 Biohähnchenbrustfilet ohne Haut (ca. 150 g)
100 g Chorizo
½ rote Chili
150 g geschälte rohe TK-Riesengarnelen, aufgetaut
2 EL Olivenöl
1 Msp. Safranpulver
1 Msp. geräuchertes Paprikapulver
½ Zimtstange
100 g Paella- oder Risottoreis
100 ml Weißwein
300 ml weißer Traubensaft
Salz
schwarzer Pfeffer aus der Mühle
einige Zitronenspalten

laktosefrei, glutenfrei,
frei von raffiniertem Zucker
Nährwerte pro Portion: 750 kcal
F 29 g, KH 67 g, B 1 g, EW 46 g

Zwiebel schälen und fein würfeln. **Knoblauchzehen** schälen und hacken. **Hähnchenfleisch** in 2–3 cm große Stücke schneiden. **Chorizo** häuten und in dünne Scheiben schneiden. **Chili** entkernen, waschen und in Ringe schneiden. **Garnelen** entlang des Rückens einschneiden und den Darm entfernen. Garnelen waschen und abtropfen lassen. • **Olivenöl** in einer Pfanne erhitzen, Zwiebeln und Knoblauch darin farblos anbraten. Hähnchenfleisch und Chorizo dazugeben und kurz anbraten. • Chiliringe, **Safranpulver, Paprikapulver** und **Zimt** hinzufügen. **Reis** einrühren und mit **Weißwein** ablöschen. **Traubensaft** angießen und aufkochen. Garnelen darüber verteilen und ohne Deckel 15–18 Minuten sanft köcheln lassen, bis der Reis bissfest gegart ist, dabei nach Bedarf noch etwas heißes Wasser zugießen. Zum Schluss mit **Salz** und **Pfeffer** abschmecken. • Aus der Pfanne servieren und dazu **Zitronenspalten** zum Beträufeln reichen.

Kein anderes Küchengerät zaubert so einfach eine knusprige Oberfläche, die jeder liebt – egal, ob bei Gemüse, Kartoffeln, Fleisch oder Paniertem. Wie euch das am besten gelingt, erfahrt ihr in den Rezepten auf den folgenden Seiten.

Einfach und deftig

RÖSTAROMEN SATT

Brutzelfleisch mit Röstzwiebeln in Tomatensauce

ZUBEREITUNGSZEIT 20 MINUTEN PLUS CA. 15 MINUTEN GARZEIT

FÜR 2 PERSONEN

50 g Senfgurken (alternativ Essiggurken)
300 g Schweinefilet
Salz
schwarzer Pfeffer aus der Mühle
1 EL scharfer feiner Senf
80 g roher Schinken in dünnen Scheiben (z. B. Schwarzwälder Schinken)
2 EL Olivenöl
200 g passierte Tomaten
2 EL Ajvar
2 EL Tomatenketchup
80 g Emmentaler am Stück
4 EL Röstzwiebeln (Fertigprodukt)

laktosefrei

Nährwerte pro Portion: 685 kcal
F 40 g, KH 21 g, B 1 g, EW 60 g

Senfgurken fein würfeln. **Schweinefilet** in 1,5 cm dicke Scheiben schneiden und mit **Salz** und **Pfeffer** würzen. Die Fleischscheiben auf einer Seite mit **Senf** bestreichen und Senfgurkenwürfel darauf verteilen. Dann zusammenklappen und mit je einer **Schinkenscheibe** umwickeln. • **Olivenöl** in einer Pfanne erhitzen. Die Fleischstücke darin beidseitig kurz und scharf anbraten und herausnehmen. **Tomaten, Ajvar** und **Tomatenketchup** hineingeben und verrühren. Mit **Salz** und **Pfeffer** abschmecken und vom Herd nehmen. • **Emmentaler** in dünne, kleine Scheiben schneiden. Fleisch und Käse dachziegelartig in der Sauce platzieren und **Röstzwiebeln** darüberstreuen. Pfanne zurück auf den Herd stellen, Deckel auflegen und bei niedriger Hitze etwa 15 Minuten garen, bis der Käse geschmolzen ist. • Am besten direkt aus der Pfanne servieren.

Tipp Knuspriges Weißbrot und frischer Blattsalat schmecken sehr gut dazu.

Filet Stroganoff mit viel Champignon-Rahmsauce

ZUBEREITUNGSZEIT 15–18 MINUTEN

FÜR 2 PERSONEN

350 g Rinderfilet
Salz
schwarzer Pfeffer aus der Mühle
1 TL Weizenmehl (Type 405)
1 große weiße Zwiebel
100 g Champignons
2 EL neutrales Pflanzenöl
1 TL Tomatenmark
1 EL feiner Senf
100 ml Gemüsebrühe
200 g Sahne
2 mittelgroße Gewürzgurken aus dem Glas
1–2 Stängel glatte Petersilie
etwas Gewürzgurkenwasser aus dem Glas

Nährwerte pro Portion: 754 kcal
F 49 g, KH 17 g, B 3 g, EW 60 g

Rinderfilet in 2 cm große Würfel schneiden, mit **Salz** und **Pfeffer** würzen und mit **Mehl** bestäuben. **Zwiebel** schälen, halbieren und in dünne Streifen schneiden. **Champignons** putzen und blättrig schneiden. • **Öl** in einer Pfanne gut erhitzen und die Fleischwürfel darin kurz und scharf anbraten. Aus der Pfanne nehmen. Zwiebeln und Champignons in die Pfanne geben und 3–4 Minuten kräftig anbraten. • **Tomatenmark** und **Senf** unterrühren und mit **Gemüsebrühe** ablöschen. **Sahne** zugießen. **Gewürzgurken** in Streifen schneiden, hinzufügen und aufkochen. Die Filetwürfel unterheben und 1–2 Minuten in der Sauce ziehen lassen. • Inzwischen die **Petersilie** waschen, trocken schütteln und sehr fein hacken. • Champignon-Rahmsauce mit etwas **Gewürzgurkenwasser, Salz** und **Pfeffer** abschmecken, auf zwei Tellern anrichten, mit Petersilie bestreuen und genießen.

Tipp Als Beilage eignen sich Butterspätzle oder knuspriges Baguette perfekt.

Geröstete Stampfkartoffeln mit Bacon und Röstzwiebeln

ZUBEREITUNGSZEIT 15 MINUTEN PLUS 30–35 MINUTEN GARZEIT

FÜR 2 PERSONEN

400 g mittelgroße festkochende Kartoffeln (jeweils etwa gleich groß)
Salz
100 g magerer geräucherter Speck oder Bacon am Stück
2 EL Kräuterbutter
schwarzer Pfeffer aus der Mühle
10-12 Schnittlauchhalme
3 EL Röstzwiebeln (Fertigprodukt)

frei von raffiniertem Zucker
Nährwerte pro Portion: 406 kcal
F 20 g, KH 36 g, B 5 g, EW 20 g

Kartoffeln schälen, längs halbieren, in eine Pfanne geben und mit kaltem Wasser bedecken. Aufkochen, etwas **Salz** hinzufügen und abgedeckt 15–20 Minuten weich köcheln lassen. Dann vorsichtig in ein Sieb abgießen und kurz ausdampfen lassen. • Inzwischen **Speck** in Würfel schneiden. Kartoffeln wieder in die Pfanne geben und mit einem Kartoffelstampfer leicht flach drücken. 1 EL **Kräuterbutter** zugeben, Speckwürfel darüber verteilen, mit **Salz** und **Pfeffer** würzen und bei mittlerer Hitze 8–10 Minuten braten. • Kartoffeln mit einem Pfannenwender einmal vorsichtig wenden. Restliche **Kräuterbutter** hinzugeben und etwa 5 Minuten weiterbraten, bis die Kartoffeln goldbraun und der Speck kross ist. • In der Zwischenzeit **Schnittlauch** abbrausen, trocken schütteln und in feine Röllchen schneiden. Zum Schluss **Röstzwiebeln** und Schnittlauch über das Pfannengericht streuen und aus der Pfanne servieren.

Butter-Chicken in Tomaten-Sahne-Sauce mit Kichererbsen

ZUBEREITUNGSZEIT 10 MINUTEN PLUS 20–25 MINUTEN GARZEIT

FÜR 2 PERSONEN

1 Zwiebel
1 Knoblauchzehe
1–2-cm-Stück Ingwer
1 EL Butter
1 TL Garam Masala (Gewürzmischung)
¼ TL rosenscharfes Paprikapulver
300 g passierte Tomaten
200 g Sahne
2 EL Honig
Salz
schwarzer Pfeffer aus der Mühle
300 g Biohähnchenbrustfilet ohne Haut
1 EL Sultaninen
250 g Kichererbsen aus dem Glas
2–3 Stängel Koriander oder glatte Petersilie (nach Belieben)

glutenfrei, frei von raffiniertem Zucker
Nährwerte pro Portion: 782 kcal
F 42 g, KH 48 g, B 10 g, EW 46 g

Zwiebel schälen und fein würfeln. **Knoblauchzehe** schälen und fein hacken. **Ingwer** schälen und fein reiben. • **Butter** in einer Pfanne aufschäumen, Zwiebeln, Knoblauch und Ingwer darin farblos anschwitzen. • **Garam Masala** und **Paprikapulver** darüberstreuen. **Tomaten** und **Sahne** einrühren. **Honig** hinzugeben, mit **Salz** und **Pfeffer** würzen und 5 Minuten köcheln lassen. • Inzwischen das **Hähnchenfleisch** quer zur Faser in 2–3 cm dicke Streifen schneiden. • Die Sauce aus der Pfanne in einen Mixbecher füllen, mit dem Stabmixer fein pürieren und zurück in die Pfanne gießen. Die Hähnchenstreifen in die Sauce legen und die **Sultaninen** darüber verteilen. **Kichererbsen** in ein Sieb abgießen, nach Belieben abbrausen und ebenfalls in die Pfanne geben. Einmal sanft aufkochen und abgedeckt bei niedriger Hitze 15–20 Minuten gar ziehen lassen. Zum Schluss mit **Salz** und **Pfeffer** abschmecken. • Nach Belieben **Koriander** abbrausen, trocken schütteln und die Blätter abzupfen. Das Butter-Chicken auf zwei Schalen verteilen und mit Koriander garniert servieren.

Mac 'n' Cheese mit Orange und gerösteten Peanuts

ZUBEREITUNGSZEIT 10 MINUTEN PLUS 8–10 MINUTEN GARZEIT

FÜR 2 PERSONEN

1 Zwiebel
2 Knoblauchzehen
1 TL Butter
2 EL gesalzene, geröstete Erdnusskerne
150 g Makkaroni oder andere kurze Röhrenpasta
100 ml Orangensaft
400 ml Milch (3,5 %)
6–8 Rucolablätter
80 g Cheddar
80 g Gouda
100 g Sahne
Salz
schwarzer Pfeffer aus der Mühle
1 EL Crème fraîche

vegetarisch, frei von raffiniertem Zucker
Nährwerte pro Portion: 994 kcal
F 58 g, KH 73 g, B 1 g, EW 41 g

Zwiebel und **Knoblauchzehen** schälen und fein würfeln. **Butter** in einer Pfanne aufschäumen, Zwiebeln, Knoblauch und **Erdnusskerne** dazugeben und farblos anschwitzen. • **Pasta** hinzufügen, **Orangensaft** und **Milch** angießen, aufkochen und abgedeckt köcheln lassen, bis die Pasta al dente gegart ist. • Inzwischen den **Rucola** abbrausen, trocken schütteln und beiseitestellen. • **Cheddar** und **Gouda** reiben, mit **Sahne** zur al dente gegarten Pasta geben und vermengen, bis der Käse geschmolzen ist. Mit **Salz** und **Pfeffer** würzen und mit **Crème fraîche** cremig binden. Je nach Bedarf noch etwas heißes Wasser hinzugeben. • In zwei Schalen geben, mit Rucola garnieren und reichlich **Pfeffer** darübermahlen.

Currywurst-Gulasch „orientalisch" mit Kartoffel

ZUBEREITUNGSZEIT 15 MINUTEN PLUS 16–20 MINUTEN GARZEIT

FÜR 2 PERSONEN

300 g festkochende Kartoffeln
Salz
1 kleine Zwiebel
1 Knoblauchzehe
2 Bratwürste oder Curry-Bratwürste (à 80-100 g)
3-4 Stängel glatte Petersilie
2 EL Olivenöl
1 TL milde Harissa-Paste (alternativ rote Currypaste)
1 Msp. edelsüßes Paprikapulver
1 Msp. Currypulver
100 g Tomatenketchup
100 g passierte Tomaten
schwarzer Pfeffer aus der Mühle

laktosefrei, glutenfrei
Nährwerte pro Portion: 526 kcal
F 33 g, KH 40 g, B 4 g, EW 16 g

Kartoffeln schälen, in 2–3 cm große Würfel schneiden, in eine Pfanne geben und mit kaltem Wasser bedecken. Aufkochen, etwas **Salz** hinzugeben und abgedeckt 10–12 Minuten weich köcheln lassen. • Inzwischen **Zwiebel** und **Knoblauchzehe** schälen und fein würfeln. **Bratwürste** in 2–3 cm dicke Scheiben schneiden. **Petersilie** abbrausen, trocken schütteln und die Blätter abzupfen. • Kartoffeln in ein Sieb abgießen und ausdampfen lassen. **Olivenöl** in der Pfanne erhitzen, Zwiebeln, Knoblauch und Bratwurstscheiben hineingeben und 3–4 Minuten anbraten. • **Harissa-Paste, Paprika-** und **Currypulver** dazugeben und kurz mitrösten. **Tomatenketchup** und **Tomaten** einrühren, Kartoffeln hinzugeben und 3–4 Minuten köcheln lassen. • Mit **Salz** und **Pfeffer** abschmecken, auf zwei Schalen verteilen, mit Petersilie garnieren und genießen.

Shakshuka mit Speck und Bergkäse

ZUBEREITUNGSZEIT 10–12 MINUTEN PLUS CA. 10 MINUTEN GARZEIT

FÜR 2 PERSONEN

1 Zwiebel
1 Knoblauchzehe
3 EL Olivenöl
50 g Frühstücksspeck in Scheiben (Bacon)
200 g passierte Tomaten
1 große Prise Zucker
Salz
schwarzer Pfeffer aus der Mühle
4 Bioeier (Größe M)
100 g Bergkäse am Stück
3–4 Stängel glatte Petersilie

laktosefrei, glutenfrei
Nährwerte pro Portion: 615 kcal
F 50 g, KH 9 g, B 0 g, EW 33 g

Zwiebel und **Knoblauchzehe** schälen und fein würfeln. **Olivenöl** in einer Pfanne erhitzen, Zwiebeln und Knoblauch darin anschwitzen. Inzwischen **Speck** in feine Streifen schneiden, hinzugeben und alles gut anbraten. • **Tomaten** einrühren, mit **Zucker, Salz** und **Pfeffer** würzen und etwa 5 Minuten einköcheln lassen. • **Eier** aufschlagen und vorsichtig auf die Sauce gleiten lassen. **Bergkäse** in Würfel schneiden und zwischen den Eiern verteilen. Den Deckel auflegen und bei niedriger Hitze etwa 5 Minuten garen, bis das Eiweiß gestockt, aber das Eigelb noch flüssig ist. • Inzwischen die **Petersilie** abbrausen, trocken schütteln und fein hacken. Shakshuka mit Petersilie bestreuen und am besten aus der Pfanne servieren.

Tipp Knuspriges Baguette passt sehr gut dazu.

Gnocchi-Pfanne mit Chorizo und Gorgonzola

ZUBEREITUNGSZEIT 15 MINUTEN

FÜR 2 PERSONEN

150 g Chorizo
3 Knoblauchzehen
2 EL Cashewkerne
3 EL Olivenöl
500 g frische Gnocchi
(Fertigprodukt aus der Kühltheke)
1 kleines Bund Rucola
Schale von ½ Biozitrone
schwarzer Pfeffer aus der Mühle
80 g Gorgonzola
Salz

Chorizo häuten und in dünne Scheiben schneiden. **Knoblauchzehen** schälen und fein hacken. **Cashewkerne** grob hacken. • **Öl** in einer Pfanne erhitzen, Chorizo, Knoblauch und Cashews darin anbraten. • **Gnocchi** zugeben und unter gelegentlichem Wenden goldbraun braten. • Inzwischen **Rucola** waschen, trocken schütteln und grob in Stücke schneiden. • **Zitronenschale** über die Gnocchi streuen und mit **Pfeffer** würzen. **Gorgonzola** in kleine Stücke schneiden, auf den Gnocchi verteilen und kurz durchschwenken. • Rucola unterheben, mit **Salz** und **Pfeffer** abschmecken und am besten aus der Pfanne servieren.

laktosefrei, frei von raffiniertem Zucker
Nährwerte pro Portion: 1.011 kcal (F 56 g, KH 83 g, B 1 g, EW 38 g)

Hörnchennudeln „Bolo"

ZUBEREITUNGSZEIT 10 MINUTEN PLUS 10–12 MINUTEN

FÜR 2 PERSONEN

2 EL Pinienkerne
1 Zwiebel
1 Knoblauchzehe
2 EL Olivenöl
300 g gemischtes Hackfleisch
(halb Rind-, halb Schweinefleisch)
Salz
schwarzer Pfeffer aus der Mühle
40 g Tomatenmark
400 g passierte Tomaten
1 Msp. getrocknete Kräuter der Provence
150 g Hörnchennudeln
400 ml Gemüsebrühe
50 g Parmesan am Stück
1 Prise Zucker

Pinienkerne in einer Pfanne ohne Fettzugabe goldgelb rösten, herausnehmen und beiseitestellen. • Inzwischen **Zwiebel** und **Knoblauchzehe** schälen und fein würfeln. • **Olivenöl** in der Pfanne erhitzen, Zwiebeln und Knoblauch darin anschwitzen. **Hackfleisch** dazugeben, mit **Salz** und **Pfeffer** würzen und krümelig anbraten. **Tomatenmark** hinzufügen, kurz anrösten, dann **Tomaten** einrühren. **Kräuter** darüberstreuen und 2–3 Minuten köcheln lassen. • **Hörnchennudeln** in die Sauce geben, **Brühe** einrühren und köcheln lassen, ohne abzudecken, bis die Nudeln al dente gegart sind. Dabei öfter umrühren. • In der Zwischenzeit den **Parmesan** fein reiben. • Das Nudelgericht mit **Salz, Pfeffer** und **Zucker** abschmecken und in zwei Schalen geben. Mit Parmesan und Pinienkernen bestreuen und servieren.

laktosefrei
Nährwerte pro Portion: 925 kcal (F 50 g, KH 72 g, B 2 g, EW 52 g)

Bratkartoffeln 2.0

ZUBEREITUNGSZEIT 10 MINUTEN PLUS CA. 20–25 MINUTEN GARZEIT

FÜR 2 PERSONEN

400–500 g festkochende Kartoffeln
Salz
1 TL geräuchertes Paprikapulver
1 TL Weizenmehl (Type 405)
½ TL fein gehackte Rosmarinnadeln
schwarzer Pfeffer aus der Mühle
3 EL Olivenöl
1 Zwiebel
150 g Chorizo

laktosefrei, frei von raffiniertem Zucker
Nährwerte pro Portion: 577 kcal
F 40 g, KH 34 g, B 5 g, EW 21 g

Kartoffeln schälen, grob würfeln, in eine Pfanne geben und mit kaltem Wasser bedecken. Aufkochen, etwas **Salz** hinzugeben und abgedeckt etwa 15 Minuten weich köcheln lassen. Dann in ein Sieb abgießen, etwas abkühlen lassen und in eine Schüssel geben. Die Pfanne mit Küchenpapier auswischen. • **Paprikapulver, Mehl** und **Rosmarin** vermengen und kräftig mit **Salz** und **Pfeffer** würzen. Über die Kartoffeln streuen und vorsichtig vermengen. • **Olivenöl** in der Pfanne erhitzen. Kartoffelmischung hineingeben und bei mittlerer Hitze einige Minuten goldbraun anbraten, dabei nur gelegentlich durchschwenken. • In der Zwischenzeit die **Zwiebel** schälen und fein würfeln. **Chorizo** häuten, in dünne Scheiben schneiden, mit Zwiebeln zu den Kartoffeln geben und 2–3 Minuten unter gelegentlichem Wenden weiterbraten, sodass sich gute Röstaromen entwickeln. • Auf zwei Teller verteilen und genießen.

Tipp Dazu schmeckt ein gemischter Salat super und macht daraus einen Hauptgang. Als Beilage passen diese Bratkartoffeln perfekt zu Rindersteak oder gegrilltem Fisch.

Mein Fusion-Knusperrösti mit Meerrettichdip und Lachs

ZUBEREITUNGSZEIT 15 MINUTEN PLUS 10–16 MINUTEN GARZEIT

FÜR 2 PERSONEN

FÜR RÖSTI UND LACHS
400 g große festkochende Kartoffeln
½ TL fein gehackte Rosmarinnadeln
1 große Prise Salz
8 EL neutrales Pflanzenöl
200 g Stremellachs oder anderer geräucherter Lachs
Saft von ½ Zitrone (nach Belieben)

FÜR DEN DIP
2 EL Sahnemeerrettich aus dem Glas
1 EL Ajvar
1–2 Stängel Estragon oder Kerbel
Salz
schwarzer Pfeffer aus der Mühle
1 Prise Zucker

glutenfrei
Nährwerte pro Portion: 651 kcal
F 48 g, KH 34 g, B 5 g, EW 22 g

Für die Rösti die **Kartoffeln** schälen und kurz in eine Schüssel mit kaltem Wasser legen. Abgießen, trocken tupfen, grob raspeln (die Raspel sollten möglichst lang sein), in ein Küchentuch einschlagen und gut ausdrücken. Auflockern, in eine Schüssel geben und mit **Rosmarin** und **Salz** würzen. • **Öl** in einer Pfanne erhitzen. Kartoffelraspel locker und gleichmäßig darin verteilen und 5–8 Minuten goldbraun braten. Vorsichtig wenden und die Rösti weitere 5–8 Minuten goldbraun braten. • Inzwischen für den Dip **Sahnemeerrettich** und **Ajvar** verrühren. **Estragon** abbrausen, trocken schütteln, Blätter abstreifen, fein hacken und unterheben. Mit **Salz, Pfeffer** und **Zucker** abschmecken. • Die Rösti zum Abtropfen auf Küchenpapier legen. **Stremellachs** in Stücke zerpflücken. • Die Knusperrösti vierteln und je zwei Ecken auf zwei Teller geben. Je einen Klecks Meerrettichdip daraufsetzen und den Stremellachs darauf anrichten. Nach Belieben mit **Zitronensaft** beträufeln.

Leberkäs-Sensation mit Knusperzwiebeln und Senfsauce

ZUBEREITUNGSZEIT 10 MINUTEN PLUS CA. 10 MINUTEN GARZEIT

FÜR 2 PERSONEN

FÜR DIE LEBERKÄS-SENSATION
100 g Bergkäse
2 Stängel glatte Petersilie
300 g rohes Leberkäs- oder Kalbsbrät
3 EL Röstzwiebeln (Fertigprodukt)
1 EL Olivenöl
1 EL Butter

FÜR DIE SENFSAUCE
1 EL scharfer feiner Senf
1 EL süßer grober Senf
200 g Sahne
Salz
schwarzer Pfeffer aus der Mühle

Nährwerte pro Portion: 1.173 kcal
F 107 g, KH 14 g, B 1 g, EW 37 g

Für die Leberkäs-Sensation **Bergkäse** grob reiben. **Petersilie** abbrausen, trocken schütteln und fein hacken. Beides in eine Schüssel geben, das **Brät** hinzufügen und gut vermengen. Mit nassen Händen zu vier gleich großen Bällchen formen und leicht flach drücken. **Röstzwiebeln** grob zerbröseln und die Taler darin wenden. • **Olivenöl** und **Butter** in einer Pfanne erhitzen und die Taler darin von jeder Seite jeweils etwa 5 Minuten goldbraun anbraten. Aus der Pfanne nehmen. • Für die Senfsauce beide **Senfsorten** zum Bratansatz in die heiße Pfanne geben, kurz verrühren und mit **Sahne** ablöschen. Unter Rühren aufkochen und dann mit **Salz** und **Pfeffer** abschmecken. • Leberkäs-Sensation auf zwei Tellern anrichten und mit Senfsauce beträufeln.

Tipp Dazu passt sehr gut Laugengebäck oder knuspriges Baguette.

Bratwurst-Nuggets mit Croûtons und Chili-Ei

ZUBEREITUNGSZEIT 10–12 MINUTEN

FÜR 2 PERSONEN

300 g Bratwurst
(z. B. frische Salsiccia)
3 Scheiben Toastbrot
oder Baguette
80 g Cheddar
1 EL Kräuterbutter
3 Bioeier (Größe M)
1 große Prise Salz
2 EL süße Chilisauce

Nährwerte pro Portion: 885 kcal
F 67 g, KH 26 g, B 0 g, EW 42 g

Wurst in kleinen Stücken aus der Pelle drücken. **Toastbrot** würfeln. **Cheddar** reiben. • **Kräuterbutter** in einer Pfanne aufschäumen, Wurst-Nuggets und Toastbrotwürfel darin bei hoher Hitze goldbraun braten, dabei öfter durchschwenken. • **Eier** aufschlagen und mit **Salz** verquirlen. Wurst-Croûton-Mischung an den Pfannenrand schieben, die Hitze etwas reduzieren, die Eier in die Pfanne gießen und langsam stocken lassen, dabei die Masse mit einem Pfannenwender hin- und herschieben, aber keinesfalls rühren. • Cheddar über die fast gestockten Eier streuen und mit **Chilisauce** beträufeln. Den Käse schmelzen lassen und nur grob vermengen. Am besten gleich aus der Pfanne servieren.

Zitronenschnitzel im Schinkenmantel mit Mandel-Zitronen-Sauce

ZUBEREITUNGSZEIT 15 MINUTEN

FÜR 2 PERSONEN

2 EL Weizenmehl (Type 405)
2 dünne Kalbsschnitzel (à 170 g; alternativ Biohähnchenbrustfilets)
Salz
schwarzer Pfeffer aus der Mühle
Schale von ½ Biozitrone
8 dünne Scheiben Parmaschinken (alternativ italienischer Landschinken)
2 EL Olivenöl
60 g ganze geschälte Mandelkerne
8 EL Marsala (alternativ Weißwein)
Saft von 1 Zitrone
1 EL kalte Butter

frei von raffiniertem Zucker
Nährwerte pro Portion: 686 kcal
F 42 g, KH 18 g, B 2 g, EW 43 g

Mehl auf einen Teller streuen. **Kalbsschnitzel** in je vier Stücke schneiden und zwischen zwei Lagen Frischhaltefolie leicht plattieren. Dann beidseitig mit **Salz** und **Pfeffer** würzen und leicht mit **Zitronenschale** bestreuen. Jede Fleischscheibe mit einer Scheibe **Parmaschinken** ummanteln und im Mehl wenden. Überschüssiges Mehl abklopfen. • **Olivenöl** in einer Pfanne erhitzen, die Schnitzel darin kurz und kräftig anbraten, dann wenden und von der anderen Seite ebenfalls kurz braten. Aus der Pfanne nehmen, die **Mandelkerne** hineingeben, kurz anrösten, mit **Marsala** ablöschen und den Bratansatz lösen. **Zitronensaft** hinzugeben und aufkochen. • Zum Binden die **Butter** in die Zitronensauce rühren. Das Fleisch hineinlegen und kurz durchziehen lassen. Dann auf zwei Tellern anrichten und genießen.

Tipp Am besten knuspriges Ciabatta dazu reichen.

Kartoffelgulasch mit Pilzen

ZUBEREITUNGSZEIT 30 MINUTEN

FÜR 2 PERSONEN
400 g festkochende Kartoffeln
Salz
200 g Austernpilze
1 Zwiebel
1 Knoblauchzehe
2 Stängel glatte Petersilie
80 g Parmesan am Stück
3 EL Olivenöl
6 EL Sojasauce
1 EL Honig
125 g Crème fraîche
150 ml Gemüsebrühe
1 Prise geräuchertes Paprikapulver
schwarzer Pfeffer aus der Mühle

vegetarisch, frei von raffiniertem Zucker
Nährwerte pro Portion: 682 kcal
F 47 g, KH 42 g, B 11 g, EW 24 g

Kartoffeln schälen, in etwa 3 cm große Würfel schneiden, in eine Pfanne geben und mit kaltem Wasser bedecken. Aufkochen, etwas **Salz** zufügen und abgedeckt etwa 15 Minuten weich köcheln lassen. • In der Zwischenzeit **Austernpilze** putzen und in Streifen schneiden. **Zwiebel** schälen und fein würfeln. **Knoblauchzehe** schälen und fein hacken. **Petersilie** abbrausen, trocken schütteln und fein hacken. **Parmesan** hobeln. • Kartoffeln in ein Sieb abgießen. Die Pfanne mit Küchenpapier säubern. • **Öl** in der Pfanne erhitzen und die Austernpilze darin kräftig anbraten. Zwiebeln und Knoblauch zugeben und mitbraten. Mit **Sojasauce** ablöschen, **Honig** zufügen und einköcheln lassen. • **Crème fraîche** unterrühren und **Gemüsebrühe** angießen. Kartoffeln zugeben und aufkochen. Mit **Paprikapulver, Salz** und **Pfeffer** abschmecken und Petersilie untermengen. Auf zwei Schalen verteilen und mit Parmesan bestreut genießen.

Pfeffersteak in Rotwein-Sahne-Sauce

ZUBEREITUNGSZEIT 15 MINUTEN

FÜR 2 PERSONEN

FÜR DAS FLEISCH

2 Rumpsteaks oder Rinderfiletsteaks (à 180 g)
Salz
schwarzer Pfeffer aus der Mühle
4 Schalotten
1 EL Olivenöl
1 EL Butter
1 TL Rosmarinnadeln

FÜR DIE SAUCE

1 TL scharfer feiner Senf
1 TL Tomatenmark
1 EL eingelegte grüne Pfefferkörner, abgetropft
50 ml Rotwein
50 ml roter Portwein (alternativ roter Traubensaft oder Gemüsebrühe)
150 g Sahne
Salz
schwarzer Pfeffer aus der Mühle

glutenfrei, frei von raffiniertem Zucker
Nährwerte pro Portion: 640 kcal
F 43 g, KH 10 g, B 2 g, EW 44 g

Für das Fleisch die **Steaks** von beiden Seiten mit **Salz** und **Pfeffer** würzen. **Schalotten** schälen, längs halbieren und in Streifen schneiden. • **Öl** und **Butter** in einer Pfanne erhitzen und die Steaks darin 3 Minuten scharf anbraten. Das Fleisch wenden, Schalotten und **Rosmarin** hinzugeben und weitere 3 Minuten scharf anbraten. Das rosa gebratene Fleisch herausnehmen. • Für die Sauce **Senf, Tomatenmark** und **Pfefferkörner** zum Bratansatz in die Pfanne geben, kurz verrühren und mit **Rotwein** und **Portwein** ablöschen. **Sahne** dazugießen und sämig einköcheln lassen. Die Sauce mit **Salz** und **Pfeffer** abschmecken. • Die Steaks in die Sauce legen und kurz darin wenden. Mit reichlich Sauce auf zwei Tellern anrichten und servieren.

Tipp Dazu knuspriges Baguette reichen und nach Belieben einen gemischten Blattsalat servieren.

Hähnchencurry mit Zartweizen in Kokosmilchsauce

ZUBEREITUNGSZEIT 12–15 MINUTEN PLUS CA. 15 MINUTEN GARZEIT

FÜR 2 PERSONEN

- 2 Knoblauchzehen
- 1–2-cm-Stück Ingwer
- 2 Biohähnchenbrustfilets ohne Haut (à 150 g)
- Salz
- schwarzer Pfeffer aus der Mühle
- 2 EL geröstetes Sesamöl
- 1 TL rote Currypaste
- 1 Dose Kokosmilch (400 ml)
- 1 EL Mango-Chutney
- 2 EL süße Chilisauce
- 2 frische oder TK-Kaffir-Limettenblätter
- 80 g Zartweizen
- einige Korianderblätter (nach Belieben)
- 2 Limettenspalten

laktosefrei

Nährwerte pro Portion: 797 kcal
F 49 g, KH 46 g, B 3 g, EW 41 g

Knoblauchzehen schälen und fein hacken. **Ingwer** schälen, reiben und beides beiseitestellen. • **Hähnchenfleisch** quer zur Faser in 2–3 cm dicke Streifen schneiden und mit **Salz** und **Pfeffer** würzen. **Sesamöl** in einer Pfanne erhitzen und die Hähnchenstreifen darin kurz und scharf anbraten. Aus der Pfanne nehmen. • Knoblauch, Ingwer und **Currypaste** in die Pfanne geben und kurz anrösten. Mit **Kokosmilch** ablöschen, **Mango-Chutney** und **Chilisauce** unterrühren und aufkochen. **Kaffir-Limettenblätter** und **Zartweizen** hinzufügen und abgedeckt etwa 10 Minuten köcheln lassen, dabei nach Bedarf etwas Wasser zugießen. • Das angebratene Hähnchenfleisch dazugeben und etwa 5 Minuten ziehen lassen. Zum Schluss mit **Salz** und **Pfeffer** abschmecken, auf zwei Schalen verteilen, nach Belieben mit **Koriander** garnieren und je eine **Limettenspalte** zum Beträufeln danebenlegen.

///

Zartweizen Schnell und lecker zuzubereiten: Zartweizenkörner sind Hartweizenkörner, die mit Wasserdampf vorgegart und dann getrocknet und geschält wurden. Zartweizen wird auch gern „Weizenreis" genannt, da man ihn wie Reis kochen und servieren kann.

///

Mein Gourmet-Schaschlik mit Trüffelsauce

ZUBEREITUNGSZEIT 15–20 MINUTEN PLUS 10–12 MINUTEN GARZEIT

FÜR 2 PERSONEN

8 getrocknete Soft-Aprikosen
8 dünne Scheiben Parmaschinken
300 g Schweinefilet
100 g Kräuterseitlinge
Salz
schwarzer Pfeffer aus der Mühle
2 EL Olivenöl
200 g passierte Tomaten
2 EL Ajvar
3 EL Trüffelöl oder Trüffelbutter
2 TL Honig
2 Msp. geräuchertes Paprikapulver
etwas Gemüsebrühe (nach Bedarf)
1 EL Crème fraîche

glutenfrei, frei von raffiniertem Zucker
Nährwerte pro Portion: 660 kcal
F 39 g, KH 23 g, B 6 g, EW 52 g

Jede **Aprikose** mit einer Scheibe **Parmaschinken** umwickeln. **Schweinefilet** in 3–4 cm große Stücke schneiden (sie sollten etwa so groß wie die Aprikosen sein). **Pilze** putzen und ebenfalls in 3–4 cm große Stücke schneiden. Schinken-Aprikosen, Fleisch- und Pilzstücke abwechselnd auf zwei Spieße stecken (deren Länge sollte in die Pfanne passen) und rundum mit **Salz** und **Pfeffer** würzen. • **Olivenöl** in einer Pfanne erhitzen, die Spieße unter Wenden darin anbraten und herausnehmen. • **Tomaten, Ajvar, Trüffelöl, Honig** und **Paprikapulver** hinzugeben, gut verrühren und aufkochen. Nach Bedarf mit etwas **Gemüsebrühe** verdünnen. Die Spieße in die Sauce legen und sanft köcheln lassen, bis das Fleisch durchgegart ist. Die Sauce mit **Salz** und **Pfeffer** abschmecken. • Je einen Schaschlikspieß auf zwei Teller legen und mit reichlich Trüffelsauce beträufeln. **Crème fraîche** etwas anrühren und über die Spieße träufeln.

Tipp Knuspriges Fladenbrot schmeckt super dazu.

Bratwurst-Gröstl

**ZUBEREITUNGSZEIT 20 MINUTEN PLUS
CA. 15 MINUTEN GARZEIT**

FÜR 2 PERSONEN

350 g festkochende Kartoffeln

Salz

200 g grobe rohe Bratwurst
(z. B. frische Salsiccia)

100 g Pancetta (alternativ anderer
Bauchspeck oder Bacon)

1 Zwiebel

1 Knoblauchzehe

2 EL Olivenöl

2 Frühlingszwiebeln

50 g Bergkäse

2 Bioeier (Größe M)

schwarzer Pfeffer aus der Mühle

laktosefrei, glutenfrei,
frei von raffiniertem Zucker
Nährwerte pro Portion: 884 kcal
F 67 g, KH 30 g, B 5 g, EW 40 g

Kartoffeln schälen, grob würfeln, in eine Pfanne geben und mit kaltem Wasser bedecken. Aufkochen, etwas **Salz** hinzugeben und abgedeckt etwa 15 Minuten weich köcheln lassen. • Inzwischen **Wurst** von der Pelle befreien und in Scheiben schneiden. **Pancetta** in dünne Streifen schneiden. **Zwiebel** schälen und fein würfeln. **Knoblauchzehe** schälen und hacken. • Kartoffeln in ein Sieb abgießen und ausdampfen lassen. Die Pfanne mit Küchenpapier säubern. **Olivenöl** in der Pfanne erhitzen. Bratwurst, Pancetta, Zwiebeln und Knoblauch hineingeben und 2–3 Minuten anbraten, sodass sich Röstaromen entwickeln. Kartoffeln dazugeben und ebenfalls gut anbraten, dabei gelegentlich wenden. • Währenddessen **Frühlingszwiebeln** putzen, waschen und in feine Ringe schneiden. **Bergkäse** fein in eine Schüssel reiben. **Eier** hinzugeben und verquirlen. Mit **Pfeffer** würzen und die Eiermischung über dem Gröstl verteilen. Mit einem Pfannenwender vermengen und anbraten, bis die Eiermischung leicht gestockt ist. • Frühlingszwiebeln darüberstreuen und das Gröstl direkt aus der Pfanne servieren.

Pulled Pork „Honey Style" mit geröstetem Brot

ZUBEREITUNGSZEIT 15 MINUTEN PLUS CA. 2 STUNDEN GARZEIT

FÜR 2 PERSONEN

FÜR DAS PULLED PORK

500 g küchenfertiges Schweinebauchfleisch ohne Schwarte, ohne Knorpel

Salz

schwarzer Pfeffer aus der Mühle

200 ml Gemüsebrühe

200 ml Maracujasaft

100 ml Ananassaft

1 breiter, dünn abgezogener Streifen Bioorangenschale

1 kleine Zimtstange

2 Gewürznelken

FÜR DIE HONIGGLASUR

1 ½ EL Honig

4 EL Sojasauce

4 EL BBQ-Sauce

ZUM SERVIEREN

5 Kirschtomaten

1 TL Olivenöl

2 Scheiben Graubrot

laktosefrei

Nährwerte pro Portion: 993 kcal
F 48 g, KH 67 g, B 1 g, EW 53 g

Für das Pulled Pork das **Schweinebauchfleisch** rundum leicht mit **Salz** und **Pfeffer** einreiben. • **Gemüsebrühe, Maracujasaft** und **Ananassaft** in eine Pfanne gießen. **Orangenschale, Zimt** und **Gewürznelken** hinzugeben und zum Kochen bringen. Fleisch hineinlegen und abgedeckt etwa 2 Stunden leise simmern lassen, bis es weich ist, dabei nach der Hälfte der Garzeit einmal wenden. Das Fleisch herausnehmen und etwas abkühlen lassen. Orangenschale und Gewürze entfernen. • Für die Honigglasur **Honig, Sojasauce** und **BBQ-Sauce** zum Schmorfond in die Pfanne geben und leicht einköcheln lassen. • In der Zwischenzeit zum Servieren die **Kirschtomaten** waschen, trocken tupfen, vierteln und mit **Olivenöl** marinieren. Das **Brot** toasten. Das Fleisch zerzupfen, in die Pfanne geben, mit der Honigglasur vermengen und mit **Salz** und **Pfeffer** abschmecken. • Getoastete Brotscheiben auf zwei Teller legen und das warme Pulled Pork darauf anrichten. Kirschtomaten darüber verteilen und servieren.

Tipps Dazu passt ein gemischter Salat der Saison. Übrigens: Pulled Pork kann super am nächsten Tag aufgewärmt werden.

Brot gelingt nur im Ofen? Weit gefehlt! Vieles klappt in einer heißen Pfanne sogar besser. Die nächsten Rezepte zählen bei uns zu Hause zu den absoluten Lieblingen, weil sie so lässig zuzubereiten sind und fantastisch schmecken.

Einfach und mit Teig

PFANNENBROTE, WRAPS UND PITAS

Fladenbrot mit Schinken und Käse

Tipp Nach Belieben kann man auch einen der beiden Beläge auswählen und die Fladenbrote nur damit belegen. Dann aber die Zutaten für den Belag verdoppeln.

Fladenbrot mit Lachs auf Honig-Crème-fraîche

Fladenbrote mit Schinken und mit Lachsbelag

ZUBEREITUNGSZEIT 30 MINUTEN PLUS 30 MINUTEN RUHEZEIT UND 10–12 MINUTEN GARZEIT

FÜR 2 PERSONEN

FÜR DIE FLADENBROTE
200 g Weizenmehl (Type 405 oder 550) plus etwas zum Bestäuben
4 g Salz
½ TL Zucker
5 g Trockenhefe

FÜR DEN SCHINKEN-KÄSE-BELAG
2 EL Crème fraîche
1 Prise Salz
schwarzer Pfeffer aus der Mühle
50 g gekochter Schinken in Scheiben
50 g Camembert
2 EL geriebener Gouda

FÜR DEN HONIG-CRÈME-FRAÎCHE- UND LACHSBELAG
2 EL Crème fraîche
1 TL flüssiger Honig
40 g Räucherlachs in Scheiben
5 Kapern aus dem Glas, abgetropft
2 EL geriebener Gouda

ZUM GARNIEREN
1 Handvoll Rucola

Fladenbrot mit Schinkenbelag
Nährwerte pro Stück: 683 kcal
F 28 g, KH 76 g, B 4 g, EW 36 g

Fladenbrot mit Lachsbelag
Nährwerte pro Stück: 613 kcal
F 20 g, KH 81 g, B 4 g, EW 23 g

Für die Fladenbrote **Mehl, Salz, Zucker, Trockenhefe** und 150 ml handwarmes Wasser in eine Rührschüssel geben und mit den Knethaken des Handrührgeräts 7–8 Minuten gut durchkneten, bis ein geschmeidiger und glatter Hefeteig entstanden ist. Abdecken und 10 Minuten bei Raumtemperatur ruhen lassen. Dann nochmals von Hand gut durchkneten und weitere 20 Minuten abgedeckt ruhen lassen. • Den aufgegangenen Hefeteig halbieren und auf einer **bemehlten** Arbeitsfläche jeweils zu ovalen Fladen auseinanderdrücken (sie sollten später beide nebeneinander in eine große Pfanne passen).

FÜR DEN SCHINKEN-KÄSE-BELAG

Crème fraîche mit **Salz** und etwas **Pfeffer** glatt rühren, auf einen Teigfladen streichen und locker mit **Schinken** belegen. **Camembert** in dünne Scheiben schneiden, darauflegen und mit **Gouda** bestreuen.

FÜR DEN HONIG-CRÈME-FRAÎCHE- UND LACHSBELAG

Crème fraîche mit **Honig** glatt rühren und auf den zweiten Teigfladen streichen. Den **Räucherlachs** in grobe Stücke zerzupfen und darauf verteilen. **Kapern** hacken und mit **Gouda** über den Belag streuen.

Eine große Pfanne bei niedriger bis mittlerer Hitze gut vorheizen. Die belegten Teigfladen nebeneinander in die heiße Pfanne legen, den Deckel aufsetzen und 10–12 Minuten backen. • Zum Garnieren **Rucola** waschen und trocken schütteln. Die fertigen Fladenbrote mit Rucola bestreuen und sofort servieren.

Focaccia mit Tomaten, Oliven und Schafskäse

ZUBEREITUNGSZEIT 30 MINUTEN PLUS 30–35 MINUTEN RUHEZEIT
UND 20–25 MINUTEN GARZEIT

FÜR 2 PERSONEN

FÜR DEN TEIG

200 g Weizenmehl (Type 550 oder 405) plus etwas zum Bestäuben
4 g Salz
5 g Trockenhefe
1 TL Olivenöl

FÜR DEN BELAG

50 g Schafsmilch-Feta (45 % Fett)
5 entsteinte schwarze Oliven
5 getrocknete Soft-Tomaten
2 EL Olivenöl
1 TL Rosmarinnadeln
grobes Meersalz

vegetarisch, frei von raffiniertem Zucker
Nährwerte pro Portion: 556 kcal
F 20 g, KH 75 g, B 4 g, EW 17 g

Für den Teig **Mehl, Salz, Trockenhefe, Olivenöl** und 160 ml handwarmes Wasser in eine Rührschüssel geben. Mit den Knethaken des Handrührgeräts 8–10 Minuten kräftig kneten, bis ein geschmeidiger und weicher Teig entstanden ist. Dann abdecken und 30–35 Minuten bei Raumtemperatur ruhen lassen, bis sich das Teigvolumen etwa verdoppelt hat. • Inzwischen für den Belag **Feta** klein würfeln. **Oliven** halbieren und **Soft-Tomaten** in Streifen schneiden. • Den Teig vorsichtig auf ein leicht **bemehltes** großes Küchenbrett (oder Pizzaschieber) geben und mit den Händen passend zur Pfannengröße behutsam zu einem runden Fladen auseinanderziehen, dabei die Gärbläschen nicht zerstören und den Teig nicht kneten. Dann mit den Fingerkuppen zahlreiche tiefe Mulden bis zum Boden eindrücken und Feta, Oliven und Tomaten darauf verteilen. • 1 EL **Olivenöl** in einer Pfanne leicht erhitzen und die **Rosmarinnadeln** darin verteilen. Die belegte Focaccia vorsichtig auf den Rosmarin in die Pfanne gleiten lassen und mit restlichem **Olivenöl** beträufeln. Dann mit grobem **Meersalz** bestreuen, den Deckel auflegen und bei niedriger bis mittlerer Hitze 20–25 Minuten backen. • Die fertige Focaccia auf eine Servierplatte gleiten lassen, in Stücke schneiden und warm genießen.

Tipp Dazu passt ein Salat mit Rucola und Tomaten.

Asiatischer Gemüsekuchen

ZUBEREITUNGSZEIT 30–35 MINUTEN PLUS CA. 15 MINUTEN GARZEIT

FÜR 2 PERSONEN

1 kleine Zwiebel
2 Knoblauchzehen
2–3 Stangen Staudensellerie
80 g Zuckerschoten
½ rote Chili
ca. 3-cm-Stück Ingwer
2 EL Maiskeimöl
200 ml Kokosmilch
½ TL rote Currypaste
3 Bioeier (Größe M)
Salz
schwarzer Pfeffer aus der Mühle
1 Frühlingszwiebel
30 g Cashewkerne
1 Rolle frischer Quicheteig aus dem Kühlregal (ca. 300 g, Ø ca. 32 cm; alternativ Pizzateig)

vegetarisch, laktosefrei
Nährwerte pro Portion: 724 kcal
F 55 g, KH 36 g, B 4 g, EW 20 g

Zwiebel und **Knoblauchzehen** schälen und fein hacken. **Staudensellerie** waschen, Fäden abziehen und Sellerie in dünne Scheiben schneiden. **Zuckerschoten** putzen, waschen und quer halbieren. **Chili** entkernen, waschen und hacken. **Ingwer** schälen und reiben. • **Maiskeimöl** in einer Pfanne erhitzen. Zwiebeln, Knoblauch, Sellerie und Zuckerschoten darin 2–3 Minuten kräftig anbraten. Chili und Ingwer dazugeben und kurz mitbraten. Auf einen Teller geben und abkühlen lassen. Die Pfanne säubern. • Inzwischen die **Kokosmilch** mit **Currypaste** und **Eiern** glatt rühren und kräftig mit **Salz** und **Pfeffer** würzen. **Frühlingszwiebel** putzen, waschen und in Ringe schneiden. **Cashewkerne** grob hacken. • **Quicheteig** auseinanderrollen und, falls nötig, passend zur Größe der Pfanne etwas zuschneiden, der Teig sollte dabei etwa 3 cm am Rand hochstehen. Das Backpapier abziehen und den Teigboden in die Pfanne legen. • Gebratenes Gemüse darauf verteilen und die Eiermischung darübergießen. Mit Frühlingszwiebeln und Cashewkernen bestreuen, den Deckel aufsetzen und bei niedriger bis mittlerer Hitze etwa 15 Minuten backen, bis der Teig knusprig und die Füllung gestockt ist. • Auf eine Servierplatte gleiten lassen, in Stücke schneiden und genießen.

Scharfes Lahmacun

**ZUBEREITUNGSZEIT 15 MINUTEN PLUS
10–15 MINUTEN GARZEIT**

FÜR 2 PERSONEN

FÜR DAS LAHMACUN

1 Rolle frischer Pizzateig aus dem Kühlregal (ca. 260–300 g, möglichst rund, Ø 23–26 cm)
1 Knoblauchzehe
1 EL Tomatenmark
2 Msp. gemahlener Kreuzkümmel
1 Msp. rosenscharfes Paprikapulver
100 g Lamm- oder Rinderhackfleisch
1 rote Zwiebel
Salz
schwarzer Pfeffer aus der Mühle
1–2 TL türkische Chiliflocken (Pul Biber; Schärfegrad nach Belieben)
2 EL Olivenöl

FÜR DEN MINZEJOGHURT

5 EL türkischer Joghurt Natur (3,5 % Fett)
1 Prise Salz
1 Prise Zucker
5 Minzeblätter

Nährwerte pro Portion: 614 kcal
F 34 g, KH 63 g, B 1 g, EW 21 g

Für das Lahmacun den **Pizzateig** auseinanderrollen und, falls nötig, passend zum Pfannenboden etwas zuschneiden. Das Backpapier abziehen und den Teigboden in eine große Pfanne legen. • **Knoblauchzehe** schälen und zerdrücken. Mit **Tomatenmark, Kreuzkümmel** und **Paprikapulver** glatt rühren, dann auf den Pizzateig streichen. **Hackfleisch** locker darüber verteilen. **Zwiebel** schälen, in dünne Spalten schneiden, darüberstreuen und mit **Salz** und **Pfeffer** würzen. Nach Belieben mit **Chiliflocken** bestreuen und **Olivenöl** darüberträufeln. • Den Deckel aufsetzen und bei niedriger bis mittlerer Hitze 10–15 Minuten backen, bis der Teig knusprig und das Hackfleisch durchgegart ist. • Inzwischen für den Minzejoghurt **Joghurt, Salz** und **Zucker** glatt rühren. **Minze** abbrausen, trocken tupfen, in feine Streifen schneiden und unterrühren. • Lahmacun auf ein Servierbrett gleiten lassen. Minzejoghurt darüberträufeln, aufrollen, schräg halbieren, auf zwei Teller legen und heiß genießen.

Köfte mit knusprigem Pfannenbrot und Dip

ZUBEREITUNGSZEIT 45 MINUTEN PLUS CA. 40 MINUTEN RUHEZEIT UND 30–40 MINUTEN GARZEIT

FÜR 2 PERSONEN

FÜR DAS PFANNENBROT

250 g Weizenmehl (Type 550 oder 405) plus etwas zum Bestäuben
¼ TL Salz
1 Pck. Trockenhefe (7 g)
1 TL Zucker
1 Msp. gerebelter Oregano oder Majoran
3 EL Olivenöl

FÜR DIE KÖFTE

1 Zwiebel
2 Knoblauchzehen
3–4 Stängel glatte Petersilie
175 g Rinderhackfleisch
175 g Lammhackfleisch (alternativ Rinderhackfleisch)
1 TL Tomatenmark
1 Bioei (Größe M)
3 EL Semmelbrösel
½ EL edelsüßes Paprikapulver
1 Msp. gemahlener Kreuzkümmel
Salz
schwarzer Pfeffer aus der Mühle
3 EL Olivenöl

FÜR DEN DIP

1 Knoblauchzehe
2 Stängel glatte Petersilie
100 g griechischer Joghurt Natur (10 % Fett)
Saft von ½ Zitrone
Salz
schwarzer Pfeffer aus der Mühle

ZUM SERVIEREN

1 Romanasalatherz
1 kleine rote Zwiebel

Für das Pfannenbrot **Mehl, Salz, Trockenhefe, Zucker, Oregano** und 1 EL **Olivenöl** mit 150 ml handwarmem Wasser in eine Rührschüssel geben und mit den Knethaken des Handrührgeräts 7–8 Minuten kräftig kneten. Die Schüssel abdecken und den Teig 30 Minuten bei Raumtemperatur gehen lassen. • Aufgegangenen Hefeteig halbieren, auf einer **bemehlten** Arbeitsfläche jeweils zu etwa 2 cm dicken runden Fladen ausrollen und etwa 10 Minuten ruhen lassen. • Inzwischen für die Köfte **Zwiebel** schälen und hacken. **Knoblauchzehen** schälen und zerdrücken. **Petersilie** abbrausen, trocken schütteln und hacken. Alles in eine Schüssel geben, beide **Hackfleischsorten, Tomatenmark, Ei, Semmelbrösel** und **Gewürze** mit etwas **Salz** und **Pfeffer** hinzufügen und mit den Händen kräftig zu einem gebundenen Fleischteig verkneten. Mit nassen Händen längliche Köfte formen und bis zur Verwendung kalt stellen. • 1 EL vom restlichen **Olivenöl** für das Pfannenbrot in einer Pfanne erhitzen, einen Teigfladen hineinlegen und bei mittlerer Hitze (ohne Deckel) 10–12 Minuten goldbraun braten, dabei öfter wenden. Auf ein Küchengitter legen. Mit dem übrigen **Olivenöl** auf die gleiche Weise einen zweiten Teigfladen backen. • In der Pfanne das **Olivenöl** für die Köfte erhitzen und diese von beiden Seiten je 5–7 Minuten goldbraun braten. • Währenddessen für den Dip die **Knoblauchzehe** schälen und zerdrücken. Die **Petersilie** abbrausen, trocken schütteln und hacken. Beides mit **Joghurt** und **Zitronensaft** in einer Schale verrühren und mit **Salz** und **Pfeffer** abschmecken. • Zum Servieren den **Romanasalat** längs halbieren, waschen, gut trocken schütteln und in breite Streifen schneiden. **Zwiebel** schälen und längs in Spalten schneiden. • Salatstreifen und Köfte auf den Pfannenbroten verteilen, mit dem Dip garnieren und genießen.

Nährwerte pro Portion: 1.311 kcal (F 71 g, KH 110 g, B 7 g, EW 55 g)

Pfannenpizza 2.0 mit Trüffeldip

ZUBEREITUNGSZEIT 15 MINUTEN PLUS 8–10 MINUTEN GARZEIT

FÜR 2 PERSONEN

FÜR DIE PIZZA

1 Zweig Rosmarin
1 Kugel Mozzarella (125 g)
50 g Chorizo
1 Rolle frischer Pizzateig aus dem Kühlregal (ca. 260–300 g, möglichst rund, Ø 23–26 cm)
3 EL Olivenöl
3 EL Tomatensugo aus dem Glas
2 EL geriebener Gouda
1 Handvoll Rucola

FÜR DEN DIP

2 EL Mayonnaise (80 % Fett)
1 EL Crème fraîche
1 EL heller Balsamico-Essig
2 EL Trüffelöl
Salz

Nährwerte pro Portion: 1.026 kcal
F 68 g, KH 57 g, B 0 g, EW 26 g

Für die Pizza **Rosmarin** abbrausen, trocken schütteln und die Nadeln abstreifen (es sollte etwa 1 EL Nadeln sein). **Mozzarella** abtropfen lassen und grob zerzupfen. **Chorizo** häuten und in dünne Scheiben schneiden. • **Pizzateig** auseinanderrollen und, falls nötig, passend zum Pfannenboden zuschneiden. Das Backpapier abziehen. • **Olivenöl** in einer großen Pfanne erhitzen und Rosmarinnadeln darin kurz anrösten. Vom Herd nehmen, den Pizzateig auf den Rosmarin in die Pfanne legen, gleichmäßig mit **Tomatensugo** bestreichen und mit Mozzarella belegen. Chorizo darauf verteilen und mit **Gouda** bestreuen. Den Deckel aufsetzen und bei niedriger bis mittlerer Hitze 8–10 Minuten backen. • Inzwischen für den Dip die **Mayonnaise, Crème fraîche, Balsamico-Essig** und **Trüffelöl** glatt rühren und mit **Salz** abschmecken. • **Rucola** waschen und trocken schütteln. • Die Pfannenpizza auf ein Servierbrett gleiten lassen und mit Rucola belegen. Dann den Trüffeldip in Klecksen darauf verteilen, in Stücke schneiden und genießen.

Pfannenquiche mit Gemüse

ZUBEREITUNGSZEIT 20 MINUTEN PLUS CA. 15 MINUTEN GARZEIT

FÜR 2 PERSONEN

1 Karotte
80 g Knollensellerie
80 g Lauch
1 kleine Zwiebel
2 Knoblauchzehen
1 Rolle frischer Quicheteig aus dem Kühlregal (ca. 300 g, Ø ca. 32 cm; alternativ Pizzateig)
2 EL Olivenöl
1 EL Tandoori-Paste
2 Bioeier (Größe M)
150 g Sahne
1 Prise Zucker
Salz
schwarzer Pfeffer aus der Mühle

vegetarisch
Nährwerte pro Portion: 650 kcal
F 51 g, KH 32 g, B 5 g, EW 13 g

Karotte und **Knollensellerie** schälen und in kleine Würfel schneiden. **Lauch** putzen, waschen und klein schneiden. **Zwiebel** und **Knoblauchzehen** schälen und fein hacken. • **Quicheteig** auseinanderrollen und, falls nötig, passend zur Größe der Pfanne etwas zuschneiden, der Teig sollte etwa 3 cm am Rand hochstehen. Das Backpapier abziehen. • **Olivenöl** in der Pfanne erhitzen und das Gemüse mit Zwiebeln und Knoblauch darin 4–5 Minuten kräftig anbraten. Aus der Pfanne nehmen. • Inzwischen **Tandoori-Paste, Eier** und **Sahne** glatt verrühren und kräftig mit **Zucker, Salz** und **Pfeffer** würzen. • Quicheteig in die Pfanne legen, angebratenes Gemüse darauf verteilen und Eiermischung darübergießen. Den Deckel aufsetzen und bei niedriger bis mittlerer Hitze etwa 15 Minuten backen, bis der Teig knusprig ist und die Eier gestockt sind. • Pfannenquiche auf eine Servierplatte gleiten lassen, in Stücke schneiden und genießen.

Tipp Dazu passt ein gemischter Blattsalat super.

Warmer Thunfisch-Wrap mit Avocado

ZUBEREITUNGSZEIT 15 MINUTEN PLUS 2–3 MINUTEN GARZEIT

FÜR 2 PERSONEN

2 EL Mayonnaise (80 % Fett)
1 EL süße Chilisauce
Salz
schwarzer Pfeffer aus der Mühle
2 große Weizen-Tortillas (Ø 22–24 cm)
1 kleine rote Zwiebel
2 Radieschen
1 Handvoll Eisbergsalat
1 kleine reife Avocado
80 g Thunfisch in Olivenöl, abgetropft
2 EL Cashewkerne
Saft von ½ Limette
2 EL neutrales Pflanzenöl
2–4 Limettenspalten

Nährwerte pro Portion: 579 kcal
F 44 g, KH 34 g, B 5 g, EW 15 g

Mayonnaise und **Chilisauce** verrühren, mit **Salz** und **Pfeffer** abschmecken und beide **Tortillas** damit bestreichen. • **Zwiebel** schälen, längs halbieren und in dünne Spalten schneiden. **Radieschen** waschen, putzen und in dünne Scheiben schneiden. **Eisbergsalat** waschen, trocken schütteln und in Streifen schneiden. **Avocado** längs halbieren, entkernen, das Fruchtfleisch auslösen und in Spalten schneiden. **Thunfisch** zerpflücken. **Cashewkerne** grob hacken. Alles auf den Tortillas verteilen und mit **Limettensaft** beträufeln. Dann zu Wraps aufrollen, dabei die Seiten etwas einschlagen. • **Öl** in einer großen Pfanne erhitzen und die Wraps darin rundum 2–3 Minuten goldbraun anbraten. • Schräg halbieren, auf zwei Teller setzen und warm genießen. Dazu **Limettenspalten** zum Beträufeln reichen.

Flammkuchen mit Speck auf Crème fraîche

ZUBEREITUNGSZEIT 10 MINUTEN PLUS 12–16 MINUTEN GARZEIT

FÜR 2 PERSONEN

100 g Frühstücksspeck am Stück (Bacon)
60 g Cheddar oder Gouda
2 große Weizen-Tortillas (Ø 22–24 cm)
4 EL Crème fraîche
1 Frühlingszwiebel
½ TL Kümmelsamen
schwarzer Pfeffer aus der Mühle
2 EL Pflanzenöl

frei von raffiniertem Zucker
Nährwerte pro Portion: 659 kcal
F 50 g, KH 29 g, B 1 g, EW 21 g

Speck fein würfeln oder in feine Streifen schneiden und in einer großen Pfanne knusprig braten. • Inzwischen den **Käse** reiben. Beide **Tortillas** mit je 2 EL **Crème fraîche** bestreichen. **Frühlingszwiebel** putzen, waschen, in feine Ringe schneiden und darauf verteilen. Mit **Kümmel** und Käse bestreuen und etwas **Pfeffer** darübermahlen. Dann den gebratenen Speck darübergeben. • 1 EL **Öl** in der Pfanne erhitzen. Eine belegte Tortilla hineinlegen, den Deckel aufsetzen und bei niedriger bis mittlerer Hitze 6–8 Minuten sanft backen, bis der Käse gut geschmolzen ist. Den Flammkuchen herausnehmen und auf die gleiche Weise den zweiten backen. • Die Flammkuchen in Stücke schneiden und sofort genießen.

Pita-Taler mit Honig-Bacon und Avocado

ZUBEREITUNGSZEIT 25 MINUTEN PLUS 25 MINUTEN RUHEZEIT UND CA. 16 MINUTEN GARZEIT

FÜR 2 PERSONEN

FÜR DEN TEIG
60 ml Milch (3,5 %)
½ TL Zucker
½ TL Salz
20 g frische Hefe
250 g Weizenmehl (Type 405 oder 550)
½ TL Backpulver
2 EL Olivenöl

FÜR DEN HONIG-BACON
2 EL grüne Pistazienkerne
100 g magerer geräucherter Speck oder Bacon am Stück
1 EL Olivenöl
1 EL flüssiger Honig

ZUM AUSBACKEN
2 EL Olivenöl
1 TL gehackte Rosmarinnadeln

FÜR DEN AVOCADOBELAG
1 reife Strauchtomate
1 kleine reife Avocado
Salz
Saft von ½ Zitrone

Nährwerte pro Portion: 954 kcal
F 45 g, KH 101 g, B 9 g, EW 34 g

Für den Teig die **Milch** und 100 ml Wasser in einer Pfanne handwarm erwärmen und in eine Schüssel füllen. **Zucker** und **Salz** hinzufügen, **Hefe** hineinbröseln und durch Rühren auflösen. **Mehl** mit **Backpulver** hineinsieben, **Olivenöl** dazugeben und von Hand kräftig zu einem geschmeidigen Teig verkneten. Abdecken und den Teig 20 Minuten an einem warmen Ort gehen lassen. • Für den Honig-Bacon die **Pistazien** hacken. **Bacon** in drei Stücke schneiden und diese horizontal halbieren. **Olivenöl** in der Pfanne erhitzen, die Baconscheiben darin von beiden Seiten knusprig anbraten. **Honig** darüberträufeln, Pistazien dazugeben, gut durchschwenken und karamellisieren lassen. Auf einen Teller geben und die Pfanne säubern. • Den aufgegangenen Teig in sechs gleich große Stücke teilen, zu Kugeln formen, mit dem Rollholz zu kleinen ovalen Fladen rollen und die Teiglinge 5 Minuten entspannen lassen. • Zum Ausbacken 1 EL **Olivenöl** in der Pfanne auf niedriger bis mittlerer Stufe erhitzen und die Hälfte des **Rosmarins** hineinstreuen. Drei Pita-Teiglinge in die Pfanne geben und etwa 4 Minuten backen, dann wenden und weitere 4 Minuten goldbraun backen. Aus der Pfanne nehmen. Restliches **Öl** erhitzen, übrigen **Rosmarin** einstreuen und auf die gleiche Weise drei weitere Pita-Taler backen. • In der Zwischenzeit für den Avocado-Belag **Tomate** waschen und in Spalten schneiden. **Avocado** längs halbieren, entkernen, das Fruchtfleisch auslösen und mit einer Gabel zerdrücken. Dann mit **Salz** würzen und mit **Zitronensaft** abschmecken. • Avocadocreme auf die noch lauwarmen Pita-Taler streichen und mit Tomatenspalten belegen. Zum Schluss Honig-Bacon mit Pistazien darübergeben und servieren.

Quesadilla mit Hähnchen und Guacamole

ZUBEREITUNGSZEIT 45 MINUTEN

FÜR 2 PERSONEN

FÜR DIE FÜLLUNG
50 g Gouda
50 g Cheddar
1 kleines Biohähnchenbrustfilet ohne Haut (130 g)
Salz
schwarzer Pfeffer aus der Mühle
1 Msp. geräuchertes Paprikapulver
1 kleine Zwiebel
2 Knoblauchzehen
100 g Champignons
½ rote Paprika
2 EL Maiskeimöl
50 g TK-Maiskörner oder aus der Dose
50 g schwarze Bohnen aus der Dose (alternativ Kidneybohnen), abgetropft
1 Prise Zucker
1 Msp. gemahlener Kreuzkümmel
1 EL Balsamico-Essig

FÜR DIE TORTILLAS
2 EL Maiskeimöl
4 Mais-Tortillas (Ø ca. 14–16 cm)

FÜR DIE GUACAMOLE
½ rote Chili
½ reife Avocado
Salz
Saft von ½ Limette

laktosefrei, glutenfrei
Nährwerte pro Portion: 936 kcal
F 44 g, KH 14 g, B 6 g, EW 32 g

Für die Füllung **Gouda** und **Cheddar** in eine Schüssel reiben, vermengen und beiseitestellen. • **Fleisch** quer zur Faser in feine Streifen schneiden und mit **Salz, Pfeffer** und **Paprikapulver** würzen. • **Zwiebel** und **Knoblauchzehen** schälen und fein hacken. **Champignons** putzen und blättrig schneiden. **Paprika** entkernen, waschen und fein würfeln. • 1 EL **Maiskeimöl** in einer Pfanne erhitzen, Hähnchenfleisch darin scharf anbraten, gut durchschwenken und herausnehmen. Restliches **Maiskeimöl** in die Pfanne geben, vorbereitetes Gemüse darin scharf anbraten. • **Mais, Bohnen** und angebratenes Hähnchenfleisch hineingeben und gut durchschwenken. Mit **Salz, Pfeffer, Zucker** und **Kreuzkümmel** würzen und mit **Balsamico-Essig** ablöschen. Die Füllung auf einen Teller geben. Die Pfanne säubern. • Für die Tortillas 1 EL **Maiskeimöl** in der Pfanne erhitzen. Eine **Tortilla** hineinlegen und die Hälfte der Füllung darauf verteilen. Die Hälfte der Käsemischung darüberstreuen und mit einer weiteren **Tortilla** bedecken. Etwas andrücken und 2–3 Minuten anbraten. Dann vorsichtig wenden und auf der anderen Seite ebenfalls goldbraun braten. Aus der Pfanne nehmen. Auf die gleiche Weise mit den restlichen Zutaten eine zweite Quesadilla zubereiten. • In der Zwischenzeit für die Guacamole die **Chili** entkernen, waschen und hacken. **Avocado** schälen und das Fruchtfleisch mit einer Gabel grob zerdrücken. Mit Chili, etwas **Salz** und **Limettensaft** vermengen. • Die gefüllten Quesadillas jeweils vierteln, auf zwei Teller geben und dazu die Guacamole reichen. Warm genießen.

Gebratene Tortilla-Wraps mit Hackfleisch auf mexikanische, asiatische oder mediterrane Art

Mexikanische Art

Rezepte siehe Seiten 134–135

Gebratene Tortilla-Wraps mit Hackfleisch auf mexikanische, mediterrane oder asiatische Art

ZUBEREITUNGSZEIT CA. 30 MINUTEN PLUS CA. 20 MINUTEN GARZEIT

FÜR 2 PERSONEN

FÜR DEN HACKFLEISCHTEIG (ERGIBT 3 PORTIONEN)

1 Zwiebel
2 Knoblauchzehen
3–4 Stängel glatte Petersilie
175 g Rinderhackfleisch (alternativ sehr fein gehacktes Hähnchenbrustfilet)
1 TL Tomatenmark
1 Bioei (Größe M)
3 EL Semmelbrösel
1 TL edelsüßes Paprikapulver
Salz
schwarzer Pfeffer aus der Mühle

HACKFLEISCHTEIG

Zwiebel schälen und fein hacken. **Knoblauchzehen** schälen und zerdrücken. **Petersilie** abbrausen, trocken schütteln und hacken. Alles in eine Schüssel geben, **Hackfleisch, Tomatenmark, Ei, Semmelbrösel** und **Paprikapulver** mit etwas **Salz** und **Pfeffer** hinzufügen und kräftig mit den Händen zu einer gebundenen Masse verkneten. Den Hackfleischteig in drei gleich große Portionen teilen.

TORTILLAS ZUBEREITEN UND SERVIEREN

Die drei Hackfleischportionen wie bei den drei Tortilla-Varianten beschrieben für die Zubereitung verwenden und drei Wraps herstellen. Je drei verschiedene Wrap-Hälften auf zwei Teller geben und sofort servieren. • Oder alternativ eine der Tortilla-Varianten auswählen, die Zutaten verdreifachen und mit den drei Hackfleischportionen drei identisch gefüllte Wraps zubereiten. Natürlich kann man ganz nach Belieben auch zwei gleich gefüllte und einen anders gefüllten Wrap zubereiten.

FÜR DEN TORTILLA-WRAP „MEXIKANISCH"

1 Portion Hackfleischteig (siehe oben)
1 großer Weizen-Tortilla (Ø 22–24 cm)
2 EL neutrales Pflanzenöl
30 g Cheddar
3–4 EL schwarze Bohnen oder Kidneybohnen aus der Dose, abgetropft
Saft von ½ Limette

Nährwerte pro Stück: 449 kcal
F 29 g, KH 24 g, B 2 g, EW 21 g

TORTILLA-WRAP „MEXIKANISCH"

Hackfleischteigportion auf der **Tortilla** gleichmäßig verteilen und mit nassen Händen festdrücken. **Pflanzenöl** in einer großen Pfanne auf mittlerer Stufe erhitzen. Die Tortilla mit der Fleischseite nach unten hineinlegen und etwa 5 Minuten braten. • In der Zwischenzeit den **Cheddar** reiben. • Tortilla umdrehen, von der anderen Seite nur kurz anbraten, dann aus der Pfanne nehmen. **Bohnen** darüber verteilen und mit Cheddar bestreuen. Mit **Limettensaft** beträufeln und zusammenklappen oder leicht aufrollen. Dann quer halbieren und warm halten.

FÜR DEN TORTILLA-WRAP „MEDITERRAN"

1 EL rotes Pesto
1 Portion Hackfleischteig (siehe links)
1 großer Weizen-Tortilla (Ø 22–24 cm)
2 EL neutrales Pflanzenöl
1 Strauchtomate
½ Kugel Mozzarella (65 g)
5–6 Basilikumblätter
Salz
schwarzer Pfeffer aus der Mühle
einige Tropfen dunkler Balsamico-Essig

Nährwerte pro Stück: 484 kcal
F 32 g, KH 24 g, B 1 g, EW 23 g

TORTILLA-WRAP „MEDITERRAN"

Das **Pesto** in die **Hackfleischteigportion** einarbeiten, gleichmäßig auf der **Tortilla** verteilen und mit nassen Händen festdrücken. **Öl** in der Pfanne auf mittlerer Stufe erhitzen. Tortilla mit der Fleischseite nach unten hineinlegen und etwa 5 Minuten braten. • Inzwischen **Tomate** waschen und würfeln, **Mozzarella** ebenfalls würfeln. **Basilikum** abbrausen und grob zerzupfen. • Tortilla umdrehen und von der anderen Seite nur kurz anbraten, dann aus der Pfanne nehmen. • Tomaten- und Mozzarellawürfel auf dem gebratenen Hackfleisch verteilen, leicht mit **Salz** und **Pfeffer** würzen und mit **Balsamico-Essig** beträufeln. Mit Basilikum bestreuen und zusammenklappen oder leicht aufrollen. Dann quer halbieren und warm halten.

FÜR DEN TORTILLA-WRAP „ASIATISCH"

1–2-cm-Stück Ingwer
1 Portion Hackfleischteig (siehe links)
1 großer Weizen-Tortilla (Ø 22–24 cm)
2 EL neutrales Pflanzenöl
1 rote Chili
1 Frühlingszwiebel
4–5 Stängel Koriander
2 EL süße Chilisauce

Nährwerte pro Stück: 399 kcal
F 24 g, KH 28 g, B 1 g, EW 17 g

TORTILLA-WRAP „ASIATISCH"

Ingwer schälen, reiben und in die **Hackfleischteigportion** einarbeiten. Auf der **Tortilla** gleichmäßig verteilen und mit nassen Händen festdrücken. **Öl** in der Pfanne wieder auf mittlerer Stufe erhitzen. Tortilla mit der Fleischseite nach unten hineinlegen und etwa 5 Minuten braten. • Inzwischen **Chili** waschen, entkernen und fein hacken. **Frühlingszwiebel** putzen, waschen und in dünne Ringe schneiden. **Koriander** abbrausen, trocken schütteln und die Blätter grob zerzupfen. • Tortilla umdrehen, von der anderen Seite nur kurz anbraten, dann aus der Pfanne nehmen. • Chili, Frühlingszwiebel und Koriander auf dem gebratenen Hackfleisch verteilen. Mit **Chilisauce** beträufeln und zusammenklappen oder leicht aufrollen. Dann quer halbieren und warm halten.

Tipps Falls nötig, die Größe die Tortilla-Fladen auf den Durchmesser des Pfannenbodens zuschneiden, denn sie sollten beim Braten nicht am Rand hochstehen. Wenn man nur eine Füllung auswählt: Für Tortilla-Wraps „asiatisch" passt sehr fein gehacktes Hähnchenbrustfilet (statt Rinderhackfleisch) besonders gut.

Vermutlich denkt jeder bei Pfannengerichten zuerst an deftige Gerichte. Dabei gibt es wunderbare süße Sachen, die in der Pfanne schnell gelingen. Auf den nächsten Seiten zeige ich euch meine süßen Lieblingsgerichte aus der Pfanne.

Einfach und süß

SÜSSE LEIDENSCHAFT
AUS DER PFANNE

Kaiserschmarren mit karamellisiertem Apfel

ZUBEREITUNGSZEIT 10 MINUTEN PLUS CA. 12 MINUTEN GARZEIT

FÜR 2 PERSONEN

FÜR DEN SCHMARREN
2 Bioeier (Größe M)
1 Prise Salz
150 ml Milch (3,5 % Fett)
75 g Weizenmehl (Type 405)
1 EL Zucker
1 EL Butter
etwas Puderzucker

FÜR DEN APFEL
1 Apfel
1 EL Butter
2 EL Zucker

vegetarisch
Nährwerte pro Portion: 436 kcal
F 16 g, KH 65 g, B 4 g, EW 7 g

Für den Schmarren die **Eier** trennen. Eiweiß mit **Salz** steif schlagen. **Milch, Mehl** und **Zucker** in eine Schüssel geben und mit dem Schneebesen zu einem glatten Teig verrühren. Eigelbe einarbeiten und zum Schluss den Eischnee locker unterheben. • **Butter** in einer Pfanne aufschäumen, den Teig hineingeben, auf niedrigste Hitze regeln, den Deckel aufsetzen und etwa 6 Minuten backen, bis die Unterseite goldbraun ist. Mit einem Pfannenwender wenden und 3–4 Minuten backen, bis die andere Seite ebenfalls goldbraun ist. Mithilfe von zwei Löffeln in grobe Stücke zerteilen und aus der Pfanne nehmen. • Inzwischen den **Apfel** schälen, entkernen und in dünne Spalten schneiden. Die Hitze hochschalten, **Butter** in der heißen Pfanne erhitzen, die Apfelspalten hinzugeben, mit **Zucker** bestreuen und kurz karamellisieren lassen. • Den Kaiserschmarren zu den Apfelspalten in die Pfanne geben, gut durchschwenken und weiter karamellisieren. • Mit etwas **Puderzucker** bestreuen und sofort aus der Pfanne servieren.

Süße Crêpes mit Crème fraîche in Orange

ZUBEREITUNGSZEIT 30 MINUTEN

FÜR 2 PERSONEN

FÜR DIE CRÊPES
- 80 g Weizenmehl (Type 405)
- 150 ml Milch (3,5 % Fett)
- 1 Bioei (Größe M)
- 1 Prise Salz
- 2 EL Butter

FÜR ORANGE UND FÜLLUNG
- 1 Bioorange
- 2 Saft-Orangen
- 1 EL Zucker
- 1 EL Butter
- 5 EL Orangenlikör (z. B. Cointreau oder Grand Marnier)
- 2 EL grüne Pistazienkerne
- 80 g Crème fraîche

vegetarisch

Nährwerte pro Stück: 367 kcal
F 21 g, KH 28 g, B 1 g, EW 6 g

Für die Crêpes **Mehl, Milch, Ei** und **Salz** mit einem Schneebesen zu einem glatten Teig verrühren und kurz ruhen lassen. • Etwas von der **Butter** in einer Pfanne erhitzen. Eine kleine Kelle Teig hineingeben und durch Schwenken dünn verteilen. Die Unterseite goldgelb backen, den Crêpe wenden und die andere Seite goldgelb backen. Herausnehmen und abkühlen lassen. Auf die gleiche Weise drei weitere dünne Crêpes backen. • Inzwischen für die Orange die **Bioorange** waschen und 1 TL Schale abreiben. Dann die Orange großzügig schälen, sodass auch die weiße Haut entfernt wird, und die Fruchtfilets herausschneiden. Dabei über einer Schüssel arbeiten, um den Saft aufzufangen. Orangenreste auspressen, den Saft auffangen. Beide **Saft-Orangen** auspressen. • **Zucker** in der heißen Pfanne karamellisieren. **Butter** dazugeben und mit **Orangenlikör** ablöschen. Orangensaft sowie Orangenschale hineingeben und sirupartig einköcheln lassen. • In der Zwischenzeit die **Pistazien** grob hacken. • Crêpes mit **Crème fraîche** bestreichen und zweimal falten, sodass Dreiecke entstehen. In den Orangensirup legen und kurz erhitzen, dabei einmal wenden. Zum Schluss die Orangenfilets hinzugeben und nur kurz erwärmen. • Die süßen Crêpes mit Orangenfilets auf zwei Tellern anrichten, mit Sirup beträufeln, Pistazien darüberstreuen und genießen.

Porridge mit Rosmarin-Granola und Beeren

ZUBEREITUNGSZEIT 20 MINUTEN

FÜR 2 PERSONEN

FÜR DAS GRANOLA

50 g gemischte Nusskerne
(z. B. Cashewkerne, Walnusskerne,
Pistazienkerne, Mandelkerne)

50 g Sonnenblumenkerne

100 g Haferflocken

3 EL Olivenöl

2 EL Honig

½ TL fein gehackte Rosmarinnadeln

FÜR DAS PORRIDGE

50 g Haferflocken

225 ml Milch (3,5 % Fett) oder
ungesüßter Haferdrink

1 Prise Salz

ZUM SERVIEREN

80 g gemischte Beeren
der Saison (z. B. Himbeeren,
Blaubeeren, Brombeeren)

vegetarisch, glutenfrei,
frei von raffiniertem Zucker

Nährwerte pro Portion: 846 kcal
F 51 g, KH 72 g, B 11 g, EW 23 g

Für das Granola **Nusskerne** grob hacken und mit **Sonnenblumenkernen** und **Haferflocken** vermischen. • **Olivenöl** und **Honig** in eine Pfanne geben und langsam erhitzen. **Rosmarin** zufügen und aufkochen. Haferflocken-Nuss-Mischung in die Pfanne streuen, gut vermengen und unter ständigem Rühren bei mittlerer Hitze rösten, bis die Mischung knusprig karamellisiert ist. Das Granola auf einen Teller geben und abkühlen lassen. Die Pfanne säubern. • Für das Porridge **Haferflocken, Milch** und **Salz** in der Pfanne verrühren und einmal aufkochen. Dann vom Herd nehmen und etwa 3 Minuten quellen lassen. • Inzwischen zum Servieren die **Beeren** waschen und abtropfen lassen. • Warmes Porridge auf zwei Schalen verteilen und mit Granola bestreuen. Beeren darauf verteilen und genießen.

Tipp Das Rosmarin-Granola ist superlecker, bereitet deshalb am besten gleich die doppelte Menge zu. Dann die Hälfte davon vollständig abgekühlt in ein luftdicht verschließbares Vorratsglas füllen und für den nächsten Genuss aufbewahren.

Süßes Frühstücksei mit Franzbrötchen und Himbeeren

ZUBEREITUNGSZEIT 12 MINUTEN PLUS 10 MINUTEN GARZEIT

FÜR 2 PERSONEN

50 g Himbeeren
1 Vanilleschote
2 Bioeier (Größe M)
1 ½ EL Zucker
100 g Sahne
2 EL Butter
1 Franzbrötchen
etwas Puderzucker

vegetarisch

Nährwerte pro Portion: 514 kcal
F 41 g, KH 26 g, B 1 g, EW 10 g

Himbeeren abbrausen und abtropfen lassen. • Die **Vanilleschote** längs aufschneiden und das Mark herauskratzen. Vanillemark, **Eier,** ½ EL **Zucker** und **Sahne** glatt rühren. • **Butter** in einer Pfanne aufschäumen. Den restlichen **Zucker** hineinstreuen und leicht karamellisieren lassen. **Franzbrötchen** grob in Stücke zerzupfen und in der Pfanne verteilen. Eiermischung darübergießen und Himbeeren darüber verteilen. Den Deckel auflegen und bei niedriger Hitze 10 Minuten garen, bis die Eiermasse gestockt ist. • Leicht mit **Puderzucker** bestäuben und am besten sofort aus der Pfanne servieren.

Tipp Das Franzbrötchen kann gern vom Vortag sein. Besonders gut schmeckt dazu eine Kugel Vanilleeiscreme.

Franzbrötchen Der Legende nach soll ein Hamburger Bäcker im 19. Jahrhundert während der französischen Besatzung nach französischer Art Weißbrotscheiben mit Zucker und Zimt in der Pfanne gebacken haben. So soll das spätere leckere Plunderteiggebäck entstanden sein, das seinen Namen den Franzosen verdankt.

Knusprige Kartoffelpuffer mit karamellisierten Aprikosen

ZUBEREITUNGSZEIT 15 MINUTEN PLUS 12–16 MINUTEN GARZEIT

FÜR 2 PERSONEN

FÜR DIE APRIKOSEN
6 Aprikosen (alternativ TK-Aprikosen)
2 EL Zucker
50 ml weißer Traubensaft

FÜR DIE PUFFER
300 g festkochende Kartoffeln
1 ½ EL Weizenmehl (Type 405)
1 Bioei (Größe S)
Salz
2 EL Butter

vegetarisch

Nährwerte pro Portion: 382 kcal
F 15 g, KH 54 g, B 5 g, EW 7 g

Aprikosen waschen, entsteinen und vierteln. Eine Pfanne erhitzen und den Boden mit **Zucker** bestreuen. Aprikosen hinzugeben und karamellisieren. Mit **Traubensaft** ablöschen und gut durchschwenken. Aus der Pfanne nehmen und diese säubern. • Für die Puffer die **Kartoffeln** schälen, fein reiben, gut ausdrücken und in eine Schüssel geben. **Mehl** darüberstreuen und vermengen, dann **Ei** und etwas **Salz** unterrühren. 1 EL **Butter** in der Pfanne erhitzen, portionsweise je 1 gehäuften EL Kartoffelmasse hineingeben, leicht flach drücken und von beiden Seiten 3–4 Minuten knusprig ausbacken. Restliche Kartoffelmasse mit restlicher **Butter** auf dieselbe Weise zu Puffern ausbacken. • Die Puffer auf zwei Teller verteilen und mit den karamellisierten Aprikosen servieren.

Cremiger Kokosreis mit Himbeeren

ZUBEREITUNGSZEIT 5 MINUTEN PLUS CA. 25 MINUTEN GARZEIT

FÜR 2 PERSONEN

2 EL Kokosraspel
100 g Milchreis
200 ml Kokosmilch
200 g Sahne
80 g weiße Schokolade
80 g TK-Himbeeren
einige Zitronenmelisseblätter (nach Belieben)

vegetarisch, glutenfrei
Nährwerte pro Portion: 946 kcal
F 69 g, KH 67 g, B 4 g, EW 12 g

Kokosraspel in einer Pfanne ohne Fettzugabe goldgelb rösten. **Milchreis, Kokosmilch** und **Sahne** dazugeben und unter Rühren aufkochen. Den Deckel aufsetzen und bei niedriger Hitze etwa 25 Minuten sanft köcheln lassen, dabei gelegentlich umrühren. • **Schokolade** raspeln und mit den gefrorenen **Himbeeren** unter den fertigen Milchreis mischen. Nach Belieben einige **Zitronenmelisseblätter** abbrausen und trocken tupfen. • Den Kokosreis auf zwei Schalen verteilen und warm oder abgekühlt mit Zitronenmelisse garniert servieren.

Tipp Wer mag, gibt noch etwas Zimtzucker über den Kokosreis.

Süßer Brotauflauf mit Pflaumenmus

ZUBEREITUNGSZEIT 5–8 MINUTEN PLUS CA. 10 MINUTEN GARZEIT

FÜR 2 PERSONEN

4 helle Brötchen vom Vortag
1 EL Butter
2 Bioeier (Größe M)
125 g Sahne
2 EL Zucker
1 Msp. gemahlener Zimt
2 EL Pflaumenmus

vegetarisch
Nährwerte pro Portion: 688 kcal
F 31 g, KH 82 g, B 1 g, EW 17 g

Brötchen quer in Scheiben schneiden (sie sollten nebeneinander in die Pfanne passen). **Butter** in einer großen Pfanne aufschäumen und die Brötchenscheiben darin von beiden Seiten 1–2 Minuten anrösten. • **Eier** mit **Sahne** und 1 EL **Zucker** in eine Rührschüssel geben und mit den Quirlen des Handrührgeräts verquirlen. Eiermilch über die Brötchenscheiben gießen, den Deckel auflegen und bei niedriger Hitze etwa 10 Minuten stocken lassen. • Restlichen **Zucker** mit **Zimt** vermischen und über den Brotauflauf streuen. **Pflaumenmus** in kleinen Klecksen darauf verteilen und heiß aus der Pfanne servieren.

Fluffiger Mangokuchen mit weißer Schokolade

ZUBEREITUNGSZEIT 15 MINUTEN PLUS 25 MINUTEN GARZEIT

FÜR 2 PERSONEN

2 Bioeier (Größe M)
75 g Zucker
1 Pck. Vanillezucker
1 Prise Salz
65 g Butter
1 EL Rum
100 g Weizenmehl (Type 405)
1 gehäufter TL Backpulver
2 EL Milch (3,5 % Fett)
100 g Mangofruchtfleisch
40 g weiße Schokolade
etwas Puderzucker

vegetarisch

Nährwerte pro Stück: 411 kcal
F 20 g, KH 46 g, B 1 g, EW 8 g

Eine nicht zu große Pfanne (Ø etwa 24 cm) mit Backpapier auskleiden und zurechtfalten, überstehende Ränder abschneiden. Das Backpapier zunächst beiseitelegen. • **Eier, Zucker, Vanillezucker** und **Salz** in eine Schüssel geben und mit den Quirlen des Handrührgeräts 3–4 Minuten zu einer schaumigen Masse aufschlagen. • **Butter** in der Pfanne sanft schmelzen und vom Herd nehmen. **Rum** und geschmolzene Butter unter die Schaummasse rühren. **Mehl** und **Backpulver** vermischen und locker unter den Teig heben. Zum Schluss die **Milch** einarbeiten. • Die Pfanne säubern und erhitzen. Vorbereitetes Backpapier einlegen und den Teig gleichmäßig einfüllen. Sofort den Deckel aufsetzen, auf recht niedrige Hitze (Stufe 3 von 12) stellen und 15 Minuten backen. • In der Zwischenzeit die **Mango** würfeln und die **Schokolade** grob in Stücke hacken. • Nach der Backzeit Mangostücke und Schokolade auf der Teigoberfläche verteilen und abgedeckt weitere 10 Minuten backen, bis der Kuchen durchgebacken und die Schokolade geschmolzen ist. • Den Mangokuchen samt Backpapier auf eine Kuchenplatte heben und leicht mit **Puderzucker** bestäuben. Das Backpapier wegschneiden und nach Belieben warm oder abgekühlt servieren.

Tipp Der Mangokuchen schmeckt sowohl warm als auch kalt sehr gut. Dazu passt natürlich eine Tasse Kaffee oder Tee.

Minipancakes mit Schokoherz und salted Sahnekaramell

ZUBEREITUNGSZEIT 25 MINUTEN PLUS CA. 10 MINUTEN GARZEIT

FÜR 2 PERSONEN

FÜR DEN SAHNEKARAMELL

200 g Zucker
40 g Salzbutter (alternativ Butter mit 1 großen Prise Meersalz gemischt)
200 g Sahne

FÜR DIE MINIPANCAKES

100 g Bitterschokolade
½ Vanilleschote
180 g Weizen- oder Dinkelvollkornmehl
1 gehäufter TL Backpulver
1 EL Zucker
1 Prise Salz
2 Bioeier (Größe M)
180 ml Milch (3,5 % Fett)
2 EL Butter
1 EL grüne Pistazienkerne (nach Belieben)

vegetarisch
Nährwerte pro Stück: 305 kcal
F 16 g, KH 29 g, B 2 g, EW 8 g

Für den Sahnekaramell **Zucker** in eine Pfanne streuen und bei niedriger bis mittlerer Hitze goldbraun karamellisieren. **Salzbutter** einrühren, mit **Sahne** ablöschen und köcheln lassen, bis sich der Karamell aufgelöst hat. Die Karamellsauce in ein hitzebeständiges Glas gießen und lauwarm abkühlen lassen. Die Pfanne säubern. • Für die Minipancakes die **Schokolade** in 18–20 Stücke brechen. **Vanilleschote** längs aufschneiden und das Mark herauskratzen. **Mehl, Backpulver, Zucker** und **Salz** in einer Schüssel vermengen. In einer zweiten Schüssel **Eier** und **Milch** mit Vanillemark glatt rühren, zur Mehlmischung geben und alles zu einem kompakten Teig verrühren. • Etwas von der **Butter** in der Pfanne aufschäumen. Etwa sechs Teigkreise (jeweils 2 EL Teig) hineingeben. Mittig je ein Stück Schokolade darauflegen und mit etwas Teig bedecken. Pancakes goldgelb backen, wenden und von der anderen Seite ebenfalls goldgelb backen (mittig entsteht ein flüssiger Schokokern). Auf die gleiche Weise weitere Pancakes backen. • In der Zwischenzeit nach Belieben die **Pistazien** grob hacken. • Pancakes auf zwei Tellern stapeln, mit je 1–2 EL lauwarmem Sahnekaramell beträufeln, nach Belieben mit gehackten Pistazien bestreuen und genießen.

//

Tipp Restlichen Sahnekaramell in ein Vorratsglas füllen. Er hält sich im Kühlschrank wunderbar mehrere Wochen und passt auch sehr gut als Sauce zu Eiscreme oder zum Beträufeln von Obstsalat sowie als Brotaufstrich.

//

Karamellisierter Kartoffelschmarren mit weißer Schokolade

ZUBEREITUNGSZEIT 15 MINUTEN PLUS 20–28 MINUTEN GARZEIT UND ABKÜHLZEIT

FÜR 2 PERSONEN

150 g festkochende Kartoffeln
Salz
2 Bioeier (Größe M)
125 ml Milch (3,5 % Fett)
2 EL saure Sahne
150 g Weizenmehl (Type 405)
2 EL Butter
1 EL Zucker
40 g weiße Schokolade

vegetarisch

Nährwerte pro Portion: 718 kcal
F 30 g, KH 87 g, B 5 g, EW 20 g

Kartoffeln schälen, längs halbieren, in eine Pfanne geben und mit kaltem Wasser bedecken. Aufkochen, etwas **Salz** hinzugeben und abgedeckt 15–20 Minuten weich köcheln. Abgießen und abkühlen lassen. • **Eier, Milch, saure Sahne, Mehl** und eine Prise **Salz** in einer Schüssel zu einem dicklichen Teig verrühren. Gegarte Kartoffeln grob reiben oder mit einer Gabel zerdrücken und unter den Teig mischen. • **Butter** in der Pfanne aufschäumen, Teig hineingeben und bei mittlerer Hitze von beiden Seiten jeweils 3–4 Minuten hellbraun backen. Mit zwei Löffeln zerzupfen, mit **Zucker** bestreuen, kurz weiterrösten und karamellisieren lassen. • Inzwischen die **Schokolade** raspeln. Dann über den Schmarren streuen und kurz vermengen, bis die Schokolade beginnt zu schmelzen. • Am besten sofort aus der Pfanne servieren.

Tipps Dazu passt Apfelmus. Wer Zeit sparen möchte, kocht die Kartoffeln schon am Vortag.

Quarkküchle mit Vanille-Kirschen

ZUBEREITUNGSZEIT 15 MINUTEN PLUS 10 MINUTEN RUHEZEIT UND CA. 6 MINUTEN GARZEIT

FÜR 2 PERSONEN

FÜR DIE VANILLE-KIRSCHEN

1 kleines Glas entsteinte Schattenmorellen oder Süßkirschen (ca. 175 g Abtropfgewicht)
1 TL Speisestärke
1 Vanilleschote
½–1 TL Zucker (nach Belieben)

FÜR DIE KÜCHLE

125 g Magerquark
1 großes Bioei (Größe L) oder 2 kleine Bioeier (Größe S)
1 Prise Salz
20 g Zucker
1 Pck. Vanillezucker
50 g Weizenmehl (Type 405)
2 EL Butter
etwas Puderzucker

vegetarisch

Nährwerte pro Portion: 416 kcal
F 17 g, KH 52 g, B 1 g, EW 15 g

Für die Vanille-Kirschen die **Schattenmorellen** in ein Sieb abgießen und den Saft auffangen. 3 EL Saft abnehmen und mit **Speisestärke** glatt rühren. • **Vanilleschote** längs aufschneiden und das Mark herauskratzen. Vanillemark mit restlichem Kirschsaft in einer Pfanne aufkochen und die aufgelöste Speisestärke zum Binden einrühren. Kirschen dazugeben, einmal aufkochen und aus der Pfanne nehmen. Nach Belieben mit etwas **Zucker** nachsüßen und abkühlen lassen. Die Pfanne säubern. • Für die Küchle **Quark, Ei, Salz, Zucker** und **Vanillezucker** in einer Schüssel glatt rühren. **Mehl** hinzugeben, zu einem gebundenen, cremig-dicklichen Teig verrühren und 10 Minuten quellen lassen. • **Butter** in der Pfanne erhitzen. Den Teig in Portionen mit etwas Abstand in die Pfanne setzen. Die Küchle bei mittlerer Hitze von beiden Seiten jeweils etwa 3 Minuten goldbraun ausbacken. • Quarkküchle auf zwei Teller verteilen, leicht mit **Puderzucker** bestäuben und dazu die Vanille-Kirschen reichen.

Rezept- und Zutatenregister

Ihr sucht ein ganz bestimmtes Gericht oder nach einer Zubereitungsidee für vorrätige Zutaten?
Das Register hilft euch schnell weiter: Alle Rezepte aus diesem Buch und die wichtigsten Komponenten
sind hier alphabetisch gelistet.

ANANAS
    Toast Hawaii mit Honigschinken „on fire" 29
APFEL
    Kaiserschmarren mit karamellisiertem Apfel 138
APRIKOSE
    Gourmet-Schaschlik mit Trüffelsauce 105
    Knusprige Gemüsepuffer mit Aprikosen-Feta-Topping 43
    Knusprige Kartoffelpuffer mit karamellisierten Aprikosen 146
    Knuspriges Forellenfilet mit Pinienkern-Kartoffeln 52
Aprikosen-Feta-Topping 43
Asia-Gemüse 60
Asia-Suppe, scharfsaure, mit Hähnchen 47
Asiatischer Gemüsekuchen 117
Austernpilz-Wrap, crunchy, mit Wasabi-Mayo 56
AVOCADO
    Pita-Taler mit Honig-Bacon und Avocado 129
    Quesadilla mit Hähnchen und Guacamole 130
    Warmer Thunfisch-Wrap mit Avocado 126

Balsamico-Tomaten 34
BANANE
    Garnelen-Frikadellen mit Mango-Curry-Sauce 67
BERGKÄSE
    Bratwurst-Gröstl 106
    Chili-Spiegelei mit Käse und Röstzwiebeln 14
    Leberkäs-Sensation mit Knusperzwiebeln und Senfsauce 93
    Shakshuka mit Speck und Bergkäse 85
BLAUBEEREN
    Porridge mit Rosmarin-Granola und Beeren 142
BLUMENKOHL
    Veggie-Shakshuka mit Hüttenkäse 18
BOHNEN
    Gebratene Tortilla-Wraps mit Hackfleisch auf mexikanische, mediterrane oder asiatische Art 134
    Hähnchengeschnetzeltes mit Balsamico und Bohnen 13
    Quesadilla mit Hähnchen und Guacamole 130
Bratkartoffeln 2.0 89
BRATWURST
    Bratwurst-Gröstl 106
    Bratwurst-Nuggets mit Croûtons und Chili-Ei 94
    Currywurst-Gulasch „orientalisch" mit Kartoffel 82
Bratwurst-Gröstl 106
Bratwurst-Nuggets mit Croûtons und Chili-Ei 94
BROMBEEREN
    Porridge mit Rosmarin-Granola und Beeren 142
Brotauflauf, süßer, mit Pflaumenmus 149
Brutzelfleisch mit Röstzwiebeln in Tomatensauce 73
Butter-Chicken in Tomaten-Sahne-Sauce mit Kichererbsen 78

CAMEMBERT
    Fladenbrote mit Schinken und mit Lachsbelag 113
Champignon-Rahmsauce 74
CHEDDAR
    Bratwurst-Nuggets mit Croûtons und Chili-Ei 94
    Flammkuchen mit Speck auf Crème fraîche 126
    Gebratene Tortilla-Wraps mit Hackfleisch auf mexikanische, mediterrane oder asiatische Art 134
    Mac 'n' Cheese mit Orange und gerösteten Peanuts 81
    Offenes Omelett mit Gemüse und Feta 64
    Quesadilla mit Hähnchen und Guacamole 130
    Toast Hawaii mit Honigschinken „on fire" 29
Chili-Ei 94
CHILISCHOTE
    Asiatischer Gemüsekuchen 117
    Gebratene Tortilla-Wraps mit Hackfleisch auf mexikanische, mediterrane oder asiatische Art 134
    Hähnchengeschnetzeltes mit Balsamico und Bohnen 13
    Lachspäckchen mit scharfer Erdnusssauce 44
    Paella-Pfanne 2.0 mit Hähnchen und Garnelen 68
    Quesadilla mit Hähnchen und Guacamole 130
    Scharfsaure Asia-Suppe mit Hähnchen 47
    Sesam-Garnelen mit Tigermilch 63
Chili-Spiegelei mit Käse und Röstzwiebeln 14
CHORIZO
    Bratkartoffeln 2.0 89
    Gebratene Chorizo mit Parmesan BBQ-Style 25
    Gnocchi-Pfanne mit Chorizo und Gorgonzola 86
    Paella-Pfanne 2.0 mit Hähnchen und Garnelen 68
    Pfannenpizza 2.0 mit Trüffeldip 122
Chorizo, gebratene, mit Parmesan BBQ-Style 25
COUSCOUS
    Couscous mit Frischkäsepaprika 51
    Minuten-Schinkenfilet mit Harissa und Erbsen-Couscous 26
Couscous mit Frischkäsepaprika 51
Cremiger Kokosreis mit Himbeeren 149
Crêpes, süße, mit Crème fraîche in Orange 141
Crunchy Austernpilz-Wrap mit Wasabi-Mayo 56
Currywurst-Gulasch „orientalisch" mit Kartoffel 82

Ei auf Fleischpflanzerl in Tomaten-Rahm-Sauce 14
EIER
    Asiatischer Gemüsekuchen 117
    Bratwurst-Gröstl 106
    Bratwurst-Nuggets mit Croûtons und Chili-Ei 94
    Chili-Spiegelei mit Käse und Röstzwiebeln 14
    Ei auf Fleischpflanzerl in Tomaten-Rahm-Sauce 14
    Fluffiger Mangokuchen mit weißer Schokolade 150
    Garnelen-Frikadellen mit Mango-Curry-Sauce 67
    Gebratener Reis Asia-Style mit Mango 59

Gebratene Tortilla-Wraps mit Hackfleisch auf mexikanische,
  mediterrane oder asiatische Art 134
Geröstetes Rinderhack mit Crème fraîche und Preiselbeeren 33
Kaiserschmarren mit karamellisiertem Apfel 138
Karamellisierter Kartoffelschmarren mit weißer Schokolade 154
Knusprige Gemüsepuffer mit Aprikosen-Feta-Topping 43
Knusprige Kartoffelpuffer mit karamellisierten Aprikosen 146
Köfte mit knusprigem Pfannenbrot und Dip 121
Minipancakes mit Schokoherz und salted Sahnekaramell 153
Offenes Omelett mit Gemüse und Feta 64
Parmesan-Hähnchenschnitzel alla milanese mit
  Balsamico-Tomaten 34
Pfannenquiche mit Gemüse 125
Pfannkuchen mit Lachs und Frischkäse 22
Quarkküchle mit Vanille-Kirschen 157
Scharfsaure Asia-Suppe mit Hähnchen 47
Sesam-Tofu mit Asia-Gemüse 60
Shakshuka mit Speck und Bergkäse 85
Süße Crêpes mit Crème fraîche in Orange 141
Süßer Brotauflauf mit Pflaumenmus 149
Süßes Frühstücksei mit Franzbrötchen und Himbeeren 145
Veggie-Shakshuka mit Hüttenkäse 18
EISBERGSALAT
  Warmer Thunfisch-Wrap mit Avocado 126
EMMENTALER
  Brutzelfleisch mit Röstzwiebeln in Tomatensauce 73
ERBSEN
  Minuten-Schinkenfilet mit Harissa und Erbsen-Couscous 26
Erbsen-Couscous 26
Erdnusssauce 44

FENCHEL
  Gebratenes Gemüse „Toskana" mit Taleggio 40
  FETA
    Focaccia mit Tomaten, Oliven und Schafskäse 114
    Knusprige Gemüsepuffer mit Aprikosen-Feta-Topping 43
    Offenes Omelett mit Gemüse und Feta 64
  Filet Stroganoff mit viel Champignon-Rahmsauce 74
  Fladenbrote mit Schinken und mit Lachsbelag 113
  Flammkuchen mit Speck auf Crème fraîche 126
  Fluffiger Mangokuchen mit weißer Schokolade 150
  Focaccia mit Tomaten, Oliven und Schafskäse 114
  FORELLE
    Knuspriges Forellenfilet mit Pinienkern-Kartoffeln 52
  Forellenfilet, knuspriges, mit Pinienkern-Kartoffeln 52
  FRISCHKÄSE
    Pfannkuchen mit Lachs und Frischkäse 22
  FRÜHLINGSZWIEBEL
    Bratwurst-Gröstl 106
    Chili-Spiegelei mit Käse und Röstzwiebeln 14

Couscous mit Frischkäsepaprika 51
Flammkuchen mit Speck auf Crème fraîche 126
Gebratene Tortilla-Wraps mit Hackfleisch auf mexikanische,
  mediterrane oder asiatische Art 134
Lachspäckchen mit scharfer Erdnusssauce 44
Offenes Omelett mit Gemüse und Feta 64
Scharfsaure Asia-Suppe mit Hähnchen 47
Frühstücksei, süßes, mit Franzbrötchen und Himbeeren 145
Fusion-Knusperrösti mit Meerrettichdip und Lachs 90

GARNELE
  Garnelen-Frikadellen mit Mango-Curry-Sauce 67
  Paella-Pfanne 2.0 mit Hähnchen und Garnelen 68
  Sesam-Garnelen mit Tigermilch 63
Garnelen-Frikadellen mit Mango-Curry-Sauce 67
Gebratene Chorizo mit Parmesan BBQ-Style 25
Gebratener Reis Asia-Style mit Mango 59
Gebratenes Gemüse „Toskana" mit Taleggio 40
Gebratene Süßkartoffeln mit Pak Choi und Pilzen 55
Gebratene Tortilla-Wraps mit Hackfleisch auf mexikanische,
  mediterrane oder asiatische Art 134
Gemüsekuchen, asiatischer 117
Gemüsepuffer, knusprige, mit Aprikosen-Feta-Topping 43
Geröstetes Rinderhack mit Crème fraîche und Preiselbeeren 33
Geröstete Stampfkartoffeln mit Bacon und Röstzwiebeln 77
Gnocchi-Pfanne mit Chorizo und Gorgonzola 86
GORGONZOLA
  Gnocchi-Pfanne mit Chorizo und Gorgonzola 86
GOUDA
  Fladenbrote mit Schinken und mit Lachsbelag 113
  Flammkuchen mit Speck auf Crème fraîche 126
  Mac 'n' Cheese mit Orange und gerösteten Peanuts 81
  Pfannenpizza 2.0 mit Trüffeldip 122
  Quesadilla mit Hähnchen und Guacamole 130
Gourmet-Schaschlik mit Trüffelsauce 105
GRILLKÄSE
  Grillkäse mit Parmesanspinat 37
Grillkäse mit Parmesanspinat 37
Guacamole 130
GURKE
  Brutzelfleisch mit Röstzwiebeln in Tomatensauce 73
  Filet Stroganoff mit viel Champignon-Rahmsauce 74
  Hähnchengyros mit Paprika und Zaziki 30

HACKFLEISCH
  Ei auf Fleischpflanzerl in Tomaten-Rahm-Sauce 14
  Gebratene Tortilla-Wraps mit Hackfleisch auf mexikanische,
    mediterrane oder asiatische Art 134
  Geröstetes Rinderhack mit Crème fraîche und Preiselbeeren 33
  Hörnchennudeln „Bolo" 86

Köfte mit knusprigem Pfannenbrot und Dip 121
Scharfes Lahmacun 118
Hähnchencurry mit Zartweizen in Kokosmilchsauce 102
HÄHNCHENFLEISCH
Butter-Chicken in Tomaten-Sahne-Sauce mit Kichererbsen 78
Hähnchencurry mit Zartweizen in Kokosmilchsauce 102
Hähnchengeschnetzeltes mit Balsamico und Bohnen 13
Hähnchengyros mit Paprika und Zaziki 30
Paella-Pfanne 2.0 mit Hähnchen und Garnelen 68
Parmesan-Hähnchenschnitzel alla milanese mit
Balsamico-Tomaten 34
Quesadilla mit Hähnchen und Guacamole 130
Scharfsaure Asia-Suppe mit Hähnchen 47
Hähnchengeschnetzeltes mit Balsamico und Bohnen 13
Hähnchengyros mit Paprika und Zaziki 30
HIMBEEREN
Cremiger Kokosreis mit Himbeeren 149
Porridge mit Rosmarin-Granola und Beeren 142
Süßes Frühstücksei mit Franzbrötchen und Himbeeren 145
Honigkarotten, karamellisierte, mit Quinoa und Pistazien 48
Hörnchennudeln „Bolo" 86
HÜTTENKÄSE
Veggie-Shakshuka mit Hüttenkäse 18

Kaiserschmarren mit karamellisiertem Apfel 138
KALBFLEISCH
Rahmgeschnetzeltes mit geröstetem Knoblauchbrot 17
Zitronenschnitzel im Schinkenmantel mit
Mandel-Zitronen-Sauce 97
KAPERN
Fladenbrote mit Schinken und mit Lachsbelag 113
Gebratenes Gemüse „Toskana" mit Taleggio 40
Karamellisierte Honigkarotten mit Quinoa und Pistazien 48
Karamellisierter Kartoffelschmarren mit weißer Schokolade 154
KAROTTE
Gebratener Reis Asia-Style mit Mango 59
Karamellisierte Honigkarotten mit Quinoa und Pistazien 48
Knusprige Gemüsepuffer mit Aprikosen-Feta-Topping 43
Pfannenquiche mit Gemüse 125
Scharfsaure Asia-Suppe mit Hähnchen 47
Sesam-Tofu mit Asia-Gemüse 60
KARTOFFEL
Bratkartoffeln 2.0 89
Bratwurst-Gröstl 106
Currywurst-Gulasch „orientalisch" mit Kartoffel 82
Fusion-Knusperrösti mit Meerrettichdip und Lachs 90
Geröstete Stampfkartoffeln mit Bacon und Röstzwiebeln 77
Karamellisierter Kartoffelschmarren mit weißer Schokolade 154
Kartoffelgulasch mit Pilzen 98
Knusprige Kartoffelpuffer mit karamellisierten Aprikosen 146
Knuspriges Forellenfilet mit Pinienkern-Kartoffeln 52
Kartoffelgulasch mit Pilzen 98
Kartoffelpuffer, knusprige, mit karamellisierten Aprikosen 146

Kartoffelschmarren, karamellisierter, mit weißer Schokolade 154
KICHERERBSEN
Butter-Chicken in Tomaten-Sahne-Sauce mit Kichererbsen 78
Zucchini-Kichererbsen-Pfanne mit Kokos 51
KIRSCHEN
Quarkküchle mit Vanille-Kirschen 157
Knoblauchbrot 17
KNOLLENSELLERIE
Pfannenquiche mit Gemüse 125
Knusprige Gemüsepuffer mit Aprikosen-Feta-Topping 43
Knusprige Kartoffelpuffer mit karamellisierten Aprikosen 146
Knuspriges Forellenfilet mit Pinienkern-Kartoffeln 52
Köfte mit knusprigem Pfannenbrot und Dip 121
KOKOSMILCH
Asiatischer Gemüsekuchen 117
Cremiger Kokosreis mit Himbeeren 149
Garnelen-Frikadellen mit Mango-Curry-Sauce 67
Hähnchencurry mit Zartweizen in Kokosmilchsauce 102
Kürbiseintopf mit Kokos und Lachs 21
Linsen-Kokos-Curry mit Lachs 34
Sesam-Garnelen mit Tigermilch 63
Zucchini-Kichererbsen-Pfanne mit Kokos 51
Kokosreis, cremiger, mit Himbeeren 149
KÜRBIS
Kürbiseintopf mit Kokos und Lachs 21
Kürbiseintopf mit Kokos und Lachs 21

LACHS
Fladenbrote mit Schinken und mit Lachsbelag 113
Fusion-Knusperrösti mit Meerrettichdip und Lachs 90
Kürbiseintopf mit Kokos und Lachs 21
Lachspäckchen mit scharfer Erdnusssauce 44
Linsen-Kokos-Curry mit Lachs 34
Pfannkuchen mit Lachs und Frischkäse 22
Lachspäckchen mit scharfer Erdnusssauce 44
Lahmacun, scharfes 118
LAUCH
Gebratener Reis Asia-Style mit Mango 59
Pfannenquiche mit Gemüse 125
Leberkäs-Sensation mit Knusperzwiebeln und Senfsauce 93
LINSEN
Linsen-Kokos-Curry mit Lachs 34
Linsen-Kokos-Curry mit Lachs 34

Mac 'n' Cheese mit Orange und gerösteten Peanuts 81
MAIS
Quesadilla mit Hähnchen und Guacamole 130
Mandel-Zitronen-Sauce 97
MANGO
Fluffiger Mangokuchen mit weißer Schokolade 150
Garnelen-Frikadellen mit Mango-Curry-Sauce 67
Gebratener Reis Asia-Style mit Mango 59
Mango-Curry-Sauce 67

Mangokuchen, fluffiger, mit weißer Schokolade 150
Marinierter Parmesan mit karamellisierten Kirschtomaten 21
Meerrettichdip 90
MIE-NUDELN
    Scharfsaure Asia-Suppe mit Hähnchen 47
Minipancakes mit Schokoherz und salted Sahnekaramell 153
Minuten-Schinkenfilet mit Harissa und Erbsen-Couscous 26
MOZZARELLA
    Gebratene Tortilla-Wraps mit Hackfleisch auf mexikanische, mediterrane oder asiatische Art 134
    Pfannenpizza 2.0 mit Trüffeldip 122
MUNGBOHNENSPROSSEN
    Gebratener Reis Asia-Style mit Mango 59
    Sesam-Tofu mit Asia-Gemüse 60

Offenes Omelett mit Gemüse und Feta 64
OLIVEN
    Focaccia mit Tomaten, Oliven und Schafskäse 114
    Gebratenes Gemüse „Toskana" mit Taleggio 40
    Knuspriges Forellenfilet mit Pinienkern-Kartoffeln 52
Omelett, offenes, mit Gemüse und Feta 64
ORANGE
    Pulled Pork „Honey Style" mit geröstetem Brot 109
    Süße Crêpes mit Crème fraîche in Orange 141

Paella-Pfanne 2.0 mit Hähnchen und Garnelen 68
PAK CHOI
    Gebratene Süßkartoffeln mit Pak Choi und Pilzen 55
    Veggie-Shakshuka mit Hüttenkäse 18
PAPRIKASCHOTE
    Gebratenes Gemüse „Toskana" mit Taleggio 40
    Lachspäckchen mit scharfer Erdnusssauce 44
    Offenes Omelett mit Gemüse und Feta 64
    Quesadilla mit Hähnchen und Guacamole 130
    Scharfsaure Asia-Suppe mit Hähnchen 47
PARMESAN
    Gebratene Chorizo mit Parmesan BBQ-Style 25
    Grillkäse mit Parmesanspinat 37
    Hörnchennudeln „Bolo" 86
    Kartoffelgulasch mit Pilzen 98
    Marinierter Parmesan mit karamellisierten Kirschtomaten 21
    Parmesan-Hähnchenschnitzel alla milanese mit Balsamico-Tomaten 34
    Rinderstreifen mit Tomaten und Pesto 33
Parmesan-Hähnchenschnitzel alla milanese mit Balsamico-Tomaten 34
Parmesan, marinierter, mit karamellisierten Kirschtomaten 21
PASTA
    Hörnchennudeln „Bolo" 86
    Mac 'n' Cheese mit Orange und gerösteten Peanuts 81
Pfannenpizza 2.0 mit Trüffeldip 122
Pfannenquiche mit Gemüse 125
Pfannkuchen mit Lachs und Frischkäse 22
Pfeffersteak in Rotwein-Sahne-Sauce 101

PILZE
    Crunchy Austernpilz-Wrap mit Wasabi-Mayo 56
    Filet Stroganoff mit viel Champignon-Rahmsauce 74
    Gebratener Reis Asia-Style mit Mango 59
    Gebratenes Gemüse „Toskana" mit Taleggio 40
    Gebratene Süßkartoffeln mit Pak Choi und Pilzen 55
    Gourmet-Schaschlik mit Trüffelsauce 105
    Kartoffelgulasch mit Pilzen 98
    Offenes Omelett mit Gemüse und Feta 64
    Quesadilla mit Hähnchen und Guacamole 130
    Rahmgeschnetzeltes mit geröstetem Knoblauchbrot 17
Pinienkern-Kartoffeln 52
Pita-Taler mit Honig-Bacon und Avocado 129
Porridge mit Rosmarin-Granola und Beeren 142
PREISELBEEREN
    Geröstetes Rinderhack mit Crème fraîche und Preiselbeeren 33
Pulled Pork „Honey Style" mit geröstetem Brot 109

Quarkküchle mit Vanille-Kirschen 157
Quesadilla mit Hähnchen und Guacamole 130
QUINOA
    Karamellisierte Honigkarotten mit Quinoa und Pistazien 48

RADIESCHEN
    Veggie-Shakshuka mit Hüttenkäse 18
    Warmer Thunfisch-Wrap mit Avocado 126
Rahmgeschnetzeltes mit geröstetem Knoblauchbrot 17
REIS
    Cremiger Kokosreis mit Himbeeren 149
    Gebratener Reis Asia-Style mit Mango 59
Reis, gebratener, Asia-Style mit Mango 59
Rinderhack, geröstetes, mit Crème fraîche und Preiselbeeren 33
Rinderstreifen mit Tomaten und Pesto 33
RINDFLEISCH
    Filet Stroganoff mit viel Champignon-Rahmsauce 74
    Pfeffersteak in Rotwein-Sahne-Sauce 101
    Rinderstreifen mit Tomaten und Pesto 33
ROMANASALAT
    Crunchy Austernpilz-Wrap mit Wasabi-Mayo 56
    Köfte mit knusprigem Pfannenbrot und Dip 121
Rosmarin-Granola 142
RÖSTZWIEBELN
    Brutzelfleisch mit Röstzwiebeln in Tomatensauce 73
    Chili-Spiegelei mit Käse und Röstzwiebeln 14
    Geröstete Stampfkartoffeln mit Bacon und Röstzwiebeln 77
    Leberkäs-Sensation mit Knusperzwiebeln und Senfsauce 93
Rotwein-Sahne-Sauce 101
RUCOLA
    Fladenbrote mit Schinken und mit Lachsbelag 113
    Gnocchi-Pfanne mit Chorizo und Gorgonzola 86
    Mac 'n' Cheese mit Orange und gerösteten Peanuts 81
    Offenes Omelett mit Gemüse und Feta 64
    Pfannenpizza 2.0 mit Trüffeldip 122

Veggie-Shakshuka mit Hüttenkäse 18

SARDELLEN
    Gebratenes Gemüse „Toskana" mit Taleggio 40
Scharfes Lahmacun 118
Scharfsaure Asia-Suppe mit Hähnchen 47
SCHINKEN
    Brutzelfleisch mit Röstzwiebeln in Tomatensauce 73
    Fladenbrote mit Schinken und mit Lachsbelag 113
    Gourmet-Schaschlik mit Trüffelsauce 105
    Minuten-Schinkenfilet mit Harissa und Erbsen-Couscous 26
    Toast Hawaii mit Honigschinken „on fire" 29
    Zitronenschnitzel im Schinkenmantel mit
        Mandel-Zitronen-Sauce 97
SCHOKOLADE
    Cremiger Kokosreis mit Himbeeren 149
    Fluffiger Mangokuchen mit weißer Schokolade 150
    Karamellisierter Kartoffelschmarren mit weißer Schokolade 154
    Minipancakes mit Schokoherz und salted Sahnekaramell 153
SCHWEINEFLEISCH
    Brutzelfleisch mit Röstzwiebeln in Tomatensauce 73
    Gourmet-Schaschlik mit Trüffelsauce 105
    Minuten-Schinkenfilet mit Harissa und Erbsen-Couscous 26
    Pulled Pork „Honey Style" mit geröstetem Brot 109
    Rahmgeschnetzeltes mit geröstetem Knoblauchbrot 17
Senfsauce 93
Sesam-Garnelen mit Tigermilch 63
Sesam-Tofu mit Asia-Gemüse 60
Shakshuka mit Speck und Bergkäse 85
SPECK
    Bratwurst-Gröstl 106
    Flammkuchen mit Speck auf Crème fraîche 126
    Geröstete Stampfkartoffeln mit Bacon und Röstzwiebeln 77
    Pita-Taler mit Honig-Bacon und Avocado 129
    Shakshuka mit Speck und Bergkäse 85
SPINAT
    Grillkäse mit Parmesanspinat 37
SPITZPAPRIKA
    Hähnchengyros mit Paprika und Zaziki 30
Stampfkartoffeln, geröstete, mit Bacon und Röstzwiebeln 77
STAUDENSELLERIE
    Asiatischer Gemüsekuchen 117
    Gebratenes Gemüse „Toskana" mit Taleggio 40
    Sesam-Garnelen mit Tigermilch 63
    Sesam-Tofu mit Asia-Gemüse 60
Süße Crêpes mit Crème fraîche in Orange 141
Süßer Brotauflauf mit Pflaumenmus 149
Süßes Frühstücksei mit Franzbrötchen und Himbeeren 145
SÜSSKARTOFFEL
    Gebratene Süßkartoffeln mit Pak Choi und Pilzen 55
Süßkartoffeln, gebratene, mit Pak Choi und Pilzen 55

TALEGGIO
    Gebratenes Gemüse „Toskana" mit Taleggio 40
THUNFISCH
    Warmer Thunfisch-Wrap mit Avocado 126
Thunfisch-Wrap, warmer, mit Avocado 126
Toast Hawaii mit Honigschinken „on fire" 29
TOFU
    Sesam-Tofu mit Asia-Gemüse 60
TOMATE
    Brutzelfleisch mit Röstzwiebeln in Tomatensauce 73
    Butter-Chicken in Tomaten-Sahne-Sauce mit Kichererbsen 78
    Currywurst-Gulasch „orientalisch" mit Kartoffel 82
    Ei auf Fleischpflanzerl in Tomaten-Rahm-Sauce 14
    Focaccia mit Tomaten, Oliven und Schafskäse 114
    Gebratene Chorizo mit Parmesan BBQ-Style 25
    Gebratene Tortilla-Wraps mit Hackfleisch auf mexikanische,
        mediterrane oder asiatische Art 134
    Gourmet-Schaschlik mit Trüffelsauce 105
    Hörnchennudeln „Bolo" 86
    Marinierter Parmesan mit karamellisierten Kirschtomaten 21
    Parmesan-Hähnchenschnitzel alla milanese mit
        Balsamico-Tomaten 34
    Pita-Taler mit Honig-Bacon und Avocado 129
    Pulled Pork „Honey Style" mit geröstetem Brot 109
    Rinderstreifen mit Tomaten und Pesto 33
    Scharfsaure Asia-Suppe mit Hähnchen 47
    Shakshuka mit Speck und Bergkäse 85
    Veggie-Shakshuka mit Hüttenkäse 18
Tomaten-Rahm-Sauce 14
Tomaten-Sahne-Sauce 78
Tomatensauce 73
Tortilla-Wraps, gebratene, mit Hackfleisch auf mexikanische,
    mediterrane oder asiatische Art 134
Trüffeldip 122
Trüffelsauce 105

Veggie-Shakshuka mit Hüttenkäse 18

Warmer Thunfisch-Wrap mit Avocado 126
Wasabi-Mayo 56

ZARTWEIZEN
    Hähnchencurry mit Zartweizen in Kokosmilchsauce 102
Zaziki 30
Zitronenschnitzel im Schinkenmantel mit Mandel-Zitronen-Sauce 97
ZUCCHINI
    Knusprige Gemüsepuffer mit Aprikosen-Feta-Topping 43
    Zucchini-Kichererbsen-Pfanne mit Kokos 51
Zucchini-Kichererbsen-Pfanne mit Kokos 51
ZUCKERSCHOTEN
    Asiatischer Gemüsekuchen 117

Smarte Unterstützung aus dem Internet

NOCH MEHR AROMEN MIT DEM EIGENEN GEMÜSE

Durch lange Transporte und Lagerung können wichtige Vitalstoffe und Aromen auf dem Weg zu euch verloren gehen. Die Eigenversorgung mit selbst angebautem, frisch geerntetem Gemüse ist deshalb ein echter Gewinn für mehr Genuss und mehr Gesundheit – und dabei viel einfacher, als ihr glaubt, und auch ohne Vorkenntnisse möglich.

In unserer App „gardify" könnt ihr eure eigenen Gemüsesorten, Kräuter und Salate einfach in eurer Pflanzenliste aktivieren. Automatisch seht ihr im zugehörigen To-do-Kalender in der App alle Pflegetipps für euer Gemüse zum richtigen Zeitpunkt und passend zu eurem Standort. Pflegen, schneiden, düngen, säen, ernten, überwintern – alles kein Problem mehr.

Verfügbar in den App-Stores oder unter www.gardify.de.
Jetzt kostenlos registrieren.

DER EINKAUFS- UND ERNÄHRUNGSASSISTENT FÜR UNSERE KOCHBÜCHER

Abschreiben oder Abfotografieren war gestern Rezepte aus unseren Kochbüchern lassen sich kostenlos auf www.mengenrechner.de an die Personenzahl und individuelle Portionsgrößen anpassen und als E-Mail auf euer Smartphone schicken oder gleich dort aufrufen. Zutaten lassen sich streichen, neue Zutaten ergänzen.
Rezept- und Zutatenfilter Sucht zum Beispiel nach veganen, vegetarischen, glutenfreien, laktosefreien oder nach Rezepten mit Zutaten, die ihr noch vorrätig habt. Speichert eure Lieblingsrezepte und Einkaufslisten.
Persönlicher Ernährungsassistent Sortiert Rezepte nach Kalorien, Kohlenhydraten, Fett- oder Eiweißgehalt. Berechnet wissenschaftlich euren täglichen Kalorienbedarf und -verbrauch. Legt Maximalwerte für Kalorien- oder Kohlenhydrataufnahme fest. Führt Tagesprotokolle mit Nährwertbilanz.

Autorendank

Allen, die an meinem neuen Buchprojekt beteiligt waren, möchte ich an dieser Stelle danken. Die Zusammenarbeit mit euch hat mir wieder richtig viel Freude bereitet und wir haben gemeinsam ein besonderes Buch auf die Beine gestellt.

Das Thema lag mir persönlich ganz besonders am Herzen, denn ich liebe es, mit wenigen Zutaten und noch weniger Kochgeschirr meine Familie und meine Freunde mit leckerem Essen zu verwöhnen. Und was ist authentischer, als das fertig zubereitete Gericht direkt mit der Pfanne auf den gedeckten Tisch zu stellen und jeder darf genießen?

Danke an **meine Familie,** dass ihr auch bei diesem Buchprojekt wieder die besonderen Herausforderungen mit mir getragen habt. Ich weiß, die Zeit, in der die Rezepte für meine Bücher entstehen, ist nicht immer leicht.

Nadja Scholder, meine persönliche Assistentin. Wenn es jemanden gibt, der am Rande des Wahnsinns arbeitet, dann ist sie es. Sie ist meistens die Erste, die meine unablässig sprudelnden Ideen zu hören bekommt und diese am Ende nach meinen Vorstellungen umsetzt. Mit ihrem Organisations- und Managementtalent hält sie mir den Rücken frei und gibt mir Raum und Zeit für Kreativität. Danke!

Hubertus Schüler, Food-Fotograf. Hinter der Kamera ist er ein echter Künstler. Ich bin wieder total begeistert von den tollen Food-Fotos. Ein herzlicher Dank, dass er auch für dieses Buch wieder die Arbeit übernommen hat.

Danke auch an **Kay Johannsen.** Von ihm stammen die People-Fotos in diesem Buch. Er hat bei unserem Shooting kaum eine Sekunde die Kamera aus der Hand gelegt und hatte immer im perfekten Moment den Finger auf dem Auslöser.

Danke, **Irmi Rumberger.** Sie hat meine Rezeptideen und handschriftlichen Notizen auch dieses Mal wieder zu Papier gebracht und lesbare Rezepte geschaffen.

Şebnem Yavuz danke ich erneut für die hervorragende Lektoratsarbeit. Ihre fachliche Kompetenz bei der Prüfung der Rezepte hat die Zusammenarbeit wieder sehr unkompliziert und angenehm gestaltet.

Ein ganz besonderer Dank geht an das Team vom **Becker Joest Volk Verlag,** allen voran **Ralf Joest** und **Johanna Hänichen.**

Danke für die kreative und unermüdliche Zusammenarbeit mit **Anne Krause** für das Layout und **Valerie Mayer** für das Projektmanagement.

Last, but not least danke ich **meinem Team, meiner Familie** und **allen Freunden,** die meine Rezepte zur Probe gekocht und mich mit ihrem Feedback und ihrer konstruktiven Kritik unterstützt haben.

Bisher erschienene Bücher von Christian Henze beim Becker Joest Volk Verlag

Auch als E-Book erhältlich

Feierabend-Blitzrezepte Wenig Aufwand, viel Genuss
ISBN 978-3-95453-162-2, 28,00 EUR (D), 28,80 EUR (A)

Feierabend-Blitzrezepte Express Maximal 15 Minuten mit nur 5 Zutaten
ISBN 978-3-95453-227-8, 28,00 EUR (D), 28,80 EUR (A)

Feierabend-Blitzrezepte veggie Meine besten vegetarischen Rezepte, schnell und easy zubereitet
ISBN 978-3-95453-264-3, 32,00 EUR (D), 32,90 EUR (A)

Pur – Gemüse 30 Gemüsesorten – die besten Zubereitungsarten in 80 Rezepten für köstlich einfache Gerichte
ISBN 978-3-95453-238-4, 34,00 EUR (D), 35,00 EUR (A)

Schlank geht auch anders Ganz entspannt zur Wunschfigur
ISBN 978-3-95453-188-2, 26,00 EUR (D), 26,80 EUR (A)

BECKER
JOEST
VOLK
VERLAG

Christian Henze

Exzellentes Handwerk und gute Zutaten: Diese Komponenten sind die Grundlage für die Rezepte von Christian Henze. Er liebt die Herausforderung, aus diesen bewährten Bestandteilen neue Gerichte für seine Gäste und das Publikum zu zaubern. Dass ihm das immer wieder gelingt, beweist er seit 2004 im MDR-Fernsehen einer treuen Fangemeinde. Christian Henze kocht seit Jahren an der Spitze der Gastronomie. Feinschmecker und ausgefallene Rezepte kann er, womit er sich in seinem Lebenslauf auch schon einen Michelin-Stern erarbeitet hat. Was ihn aber bei vielen Zuschauerinnen und Zuschauern so beliebt macht, sind seine Bodenständigkeit und Entdeckerfreude, um auch aus einfachen Zutaten Gerichte zu kochen, die nachvollziehbar sind und schmecken. „Man kann das Rad nicht neu erfinden", heißt es in vielen Küchen oft. Stimmt. Und stimmt dann doch wieder nicht. Denn andere Gewürze geben Zutaten oft eine überraschend neue kulinarische Richtung. Gemüse, Brot und Fleisch werden zu modernen Gerichten kombiniert. Und nicht zuletzt verwandelt eine andere Art der Zubereitung – zum Beispiel in einer Pfanne statt im Ofen – ein altbekanntes Essen in einen neuen Genuss. Wer sich die Rezepte von Christian Henze anschaut, wird schnell feststellen, dass sie in den Alltag passen. Mittags oder abends sind diese Gerichte unkompliziert und schnell zubereitet. Dabei bleibt er seinem Stil treu: klare und nachvollziehbare Schritte bei der Zubereitung und gute Produkte.

Verlagsdank

Lieber Christian, was du aus einer einzelnen Pfanne zauberst, ist wirklich Genuss pur. Deine vollmundig aromatischen und gleichzeitig so simpel nachzukochenden Rezepte sind einfach genial. Danke für dieses großartige Buch! Herzlichen Dank an Jens Trocha vom MDR sowie Jane Ebah Ruweji-Neumann und Katrin Wetzel von der Bavaria Media GmbH für dieses gemeinsame Projekt. Hubertus Schüler, Stefan Mungenast und Benedikt Obermeier, danke für die herrlichen Fotografien der Gerichte. Kay Johannsen, vielen herzlichen Dank für das Coverfoto und die schönen Porträts. Danke auch an Nadja Scholder für die großartige Unterstützung im Projektmanagement und beim Autorenshooting. Vielen Dank an Şebnem Yavuz für das Rezeptlektorat und an Doreen Köstler für das Schlusslektorat.

   Der Verlag dankt allen, die zum Gelingen dieses Buches beigetragen haben. Anne Krause, Valerie Mayer, Markus Neis, Lena Vaßen, Annika Steinacker und Katerina Stegemann, danke für eure unermüdlichen Bemühungen um die außerordentliche Qualität.

Impressum

Originalausgabe
Becker Joest Volk Verlag GmbH & Co. KG
Bahnhofsallee 5, 40721 Hilden, Deutschland
© 2023 – alle Rechte vorbehalten
1. Auflage August 2023

ISBN 978-3-95453-293-3

Autor: Christian Henze
Food-Fotografie: Hubertus Schüler
Food-Fotografie-Assistenz: Benedikt Obermeier
Foodstyling: Stefan Mungenast
Porträts: Kay Johannsen
Projektleitung: Valerie Mayer
Leitung Grafik: Dipl.-Des. Justyna Schwertner
Layout, Cover- und Buchgestaltung, Buchsatz:
Dipl.-Des. Anne Krause
Bildbearbeitung: Dipl.-Des. Markus Neis,
Benedikt Obermeier
Projektmanagement: Lena Vaßen
Fachlektorat Rezepte: Şebnem Yavuz
Lektorat: Doreen Köstler
Druck: Firmengruppe Appl, aprinta druck GmbH

Ausführliche Infos
Seite 163

BECKER JOEST VOLK VERLAG

www.bjvv.de

www.mdr.de

© 2023 Mitteldeutscher Rundfunk (MDR) –
Alle Rechte vorbehalten
Licensed by BAVARIA MEDIA LICENSING,
www.bavaria-media.de